日本労働社会学会年報

2007
第17号

東アジアの労使関係

日本労働社会学会

The Japanese Association of Labor Sociology

目次

2007　　　　　　　　　　　　　　　　　　　　　日本労働社会学会年報 17

特集　東アジアの労使関係 ―――――――――――――1

1　巨大市場・中国で勝つための人材戦略 ……………徐　　向東… 3
2　韓国労使関係の第二分水嶺 ………………………………金　　鎔基…47
　　―― IMF危機以降の経済構造変化と労使関係再編 ――

投稿論文 ―――――――――――――――――――89

1　建設生産における「責任施工」と職長 ……………惠羅さとみ…91
　　――「クラフト的生産」モデルにおける自律性と責任をめぐる問題 ――

日本労働社会学会会則（118）　編集委員会規定（121）　編集規定（122）
年報投稿規定（122）　幹事名簿（124）　編集後記（125）

ANNUAL REVIEW OF LABOR SOCIOLOGY
October 2007, No.17

Contents

Special Issue   The Labor Relations in East Asia

1. The Huge Market: Human Resouces Management for Success in China .... Xiangdong Xu
2. New Developments in Labor Relations in South Korea since the 1997 Crisis .... Yongki Kim

Articles

1. "Responsible Construction" of the Japanese Construction Industry in Transition
   ——Issue of Autonomy and Responsibility in a Craft Production Model—— .... Satomi Era

The Japanese Association of Labor Sociology

特集　東アジアの労使関係

1 巨大市場・中国で勝つための人材戦略　　　　　徐　向東

2 韓国労使関係の第二分水嶺　　　　　　　　　　金　鎔基
　　　── IMF 危機以降の経済構造変化と労使関係再編 ──

巨大市場・中国で勝つための人材戦略

徐　向東
(㈱中国市場戦略研究所)

　中国企業は、労働者の大量動員によって、全国隅々まで広がる販売網とアフターサービス体制を構築し、明確な基準に基づく成果主義型人的資源管理で急速に成長している。日系企業はこうした中国の変化に適応できず、特にホワイトカラーの人材マネジメントにおいて困難に直面している。巨大市場・中国で勝つため、日系企業は、権限賦与と責任の明確化、インセンティブ・メカニズムの確立、エリート人材の発見と育成およびマネジメントの現地化と分権化の推進など、戦略的人材マネジメントの構築を急ぐべきである。

1. 中国企業人材戦略のケーススタディー

ハイアールの競馬式人事考課

　中国経済の高成長に伴い、一部、中国企業の競争力向上も世界的に注目されるようになった。躍進する中国民間企業は、もはや労働力の安さだけでなく、人的資源管理などの経営革新によって、世界の先端企業に挑もうとするダイナミックさを備えるようになった。中国企業において、期限つき雇用契約、成果主義に基づく人事評価、信賞必罰、末位淘汰、ストックオプション、戦略型人材育成など中国型人的資源管理モデルを形成しつつある。中国企業の人的資源管理には、テイラーイズムからの派生モデルである厳酷な労働管理の面もあるが、人材マネジメントの大きな制度的な革新の面もあることが見逃してはならない。

　ハイアールの中国名は「海爾」、その前身は、倒産寸前の町工場だったが、今では、

特集　東アジアの労使関係

世界の家電のトップ10に躍り出、中国最大のブランドメーカーとして、世界的にもその名が知れ渡るようになった。ハイアールは冷蔵庫、エアコン、食器洗い機、電子レンジなど250種類以上の家電製品を製造しており、160余りの国と地域に製品を輸出し、アメリカやイタリアなど先進国にも工場を設立した。

　ハイアールは「複雑な機能よりも、便利な使い方」をモットーとしている。張瑞敏・ハイアールCEOのこの言葉には、同社開発戦略の原点が凝縮されている。つまり、ハイアールは、独自の技術開発よりもアセンブリメーカーとしてのスピード経営を重視しているのである。その製品戦略は「多品種、瞬時対応」に要約できる。市場細分化に適応して多品種製品を投入する結果、ハイアール製品に対する市場の飢餓感が生まれ、低価格合戦のときにあえて高価格で参入するハイアールの競争優位を確立した。これによってハイアールはこれまで中国ではトップシェアを確保してきた。

　(1) 競馬式の人事考課　ハイアールは「競馬式」の人的資源管理を行っている。競馬とは、社員を競わせ、成果で評価するという考え方である。縁故主義を徹底的に排し、昇進や昇格はすべて競争の結果で決めるという成果主義型人的資源管理である。そこには三つの原則がある。まずは「公平競争の原則」。競争を通じて業績や人格が優れた者を発見し重要なポストに任用する。次は「適材適所の原則」。才能に相応しいポストを提供し、人材を最大限に生かす。さらに「動態管理の原則」。人材の合理的な流動を図り、業績の優れた者を昇進させ、逆の場合は降格人事も行う、ということである。

　このような考え方に基づいて、ハイアールは「三工制度」を実施している。社員を優秀社員、合格社員、試用社員に分け、年功序列を排した流動的な人事制度を導入し、成績が優秀な者は、優秀社員への到達も早い。逆に、成績が悪ければ、試用社員へと格下げする。優秀社員、合格社員、試用社員の比率は常に4：5：1の水準を守り、組織内の緊張感を醸成している。

　同じ考え方に基づき、「末位淘汰」という制度も確立しており、業績の芳しくない社員を一定の比率で定期的に淘汰（雇用契約を中止）することである。業績を出せないこと自体は、過失だ（「無功即過」）という考え方である。末位淘汰は

「1010原則」とも呼ばれる。つまり、毎年に10％の最優秀社員を表彰し、彼らの仕事ぶりに基づき、全員の目標基準を定める。逆に、成績の最も悪い10％を淘汰するということである。

　ハイアールは、社内公募制度を実施しており、条件を満たす者なら誰でも管理職に応募できる。応募者はプレゼンテーションを行い、評価委員が点数をつけ、適格者を選出し管理職に任命する。これは潜在的な人材を最大限に発掘しようとする制度である。社員は企業の中（組織）と外（市場）の両方からのプレッシャーを受け、こうしたプレッシャーを競争の原動力に変えていくことが求められている。

(2) 数量化に基づく目標管理　ハイアールの冷蔵庫製造工程をみると、細かく分解された156の工程と545の作業項目に対して、すべて数量化された達成目標を設定している。こうした数量化目標に対する管理者、作業員の責任を明確化し、作業手順、使用材料、作業回数などを細かく定めている。達成度を細かく測定し、それによって各従業員の成果を評価している。

　ハイアールは「日清日卒、日清日高」という言葉を使って、目標管理の浸透を図っている。「日清日卒」とは、その日に発生したトラブルを、その日のうちに原因を究明し、適切な処置を行い、防止策を立て、目標の実現を守る。「日清日高」とは、日々の作業を通じて、不断の改善を意識し、日々、上達をしていくという意味である。

　「数量化に基づく目標管理」は中国の現実に基づいて考案された労務管理策である。張CEOがいうには、「中国では最も頭を悩むのは企業の規則やルールは、一貫して守られないことである。今日はできたにしても、明日になるとまたできなくなる。だから、数量化に基づく目標管理によって、繰り返して同じことを要求することが必要だ」。

(3) 人事評価の透明化　日常的な目標管理を機能させるために、ハイアールは人事評価の透明化を図っている。現場の作業員は、各自に3E (Every one, Every thing, Every day) カードをもち、生産量、品質、消耗品、安全、規律などの実績

を記入している。班長は作業員の3Eカードをチェックし、ライン全員の日給を決定し公表している。実際、現場管理者は、2時間ごとに生産ラインを歩き回り、成績の良い者に「レッド・カード」、成績の芳しくない者にペナルティーを意味する「イエロー・カード」を渡し、月末に集計して、給与の増減を決める。この方法は、管理職にも適用している。毎月に中間管理職の評価を公開されており、成績の良い者には「レッド・カード」、成績の悪い者には「イエロー・カード」が渡され、その評価結果によって給与の増減が行われている。

(4) リーダー養成のための「イルカ式昇進」　イルカは海の中で深く潜るほど高くジャンプできるといわれる。ハイアールはこの物語をメタファーに、マネジメント人材の早期発見と選抜を行っている。ハイアールでは、工場長でもまずは営業現場での仕事を経験させ、市場を十分に理解させてから、徐々に昇進させていき、最終的に事業部の責任者を務める能力をもつと判断したときに、事業部責任者に昇進させる。無理な場合は元のポストに戻すこともある。

　ハイアール副社長の柴永森は、20年前、大卒でハイアールに入社した。技術の国産化の重責を負わされ、貿易事業にも取り組んだ。その後、品質管理や生産管理の知識を学びながら、工場長など最前線の経験を積んだ。95年に、ハイアールが合併した赤字企業の再生を任され、1年間で黒字に転換させ、2年間で同業他社の平均20年分の業績を出した。これらの業績が評価されて副社長に抜擢された。

(5) 市場評価と直結される研究開発　ハイアールは、「市場のニーズに合った開発」をモットーとし、研究開発成果の製品化のスピードを極力、短縮化しようとしている。広大な中国市場の多種多様な顧客のニーズを満たすため、ハイアールは短期間で部品の組み合わせによって新製品を作る開発戦略を徹底している。この体制を効率的に動かすために、研究開発者の報酬を市場と直結する独特のインセンティブ・メカニズムを確立している。

　開発リーダーは、開発スタッフを募集してチームをつくる。開発スタッフの固定給はゼロであり、毎月に支給されるのは一時的に貸し出される生活費のみであ

る。技術者は、事前に会社と交わされた契約の中で報酬の算出方法を定められ、「報酬」は基本的に研究開発成果の市場業績によって決められている。売れた商品の数に連動して一個いくらという形で開発チームに給料が支払われ、開発リーダーは最後に貢献度に応じてメンバーに給与の配分を行う。市場業績の芳しい開発の場合、開発スタッフは年間数万元の報酬を得ることができるが、失敗した場合、報酬はゼロになる。まさに市場に直結した成果主義的な給与システムである。

戦略型人材の育成で成功したレノボ（聯想）

　2004年末に、中国のパソコントップメーカーのレノボが、米IBMのパソコン事業を買収し、世界中をあっといわせた。レノボの中国名は「聯想」。1984年に、中国国家研究機関の数人の研究者が、20㎡たらずの小屋からスタートした企業である。

　初期の聯想の経営戦略は、需要が拡大する国内市場が求める商品をタイムリーに供給する販売主導型である。利益率がそれほど高くなくても他社より早く生産し、大量に生産・販売することでスケールメリットを生かし、それによって、収益を蓄積し、着実に企業規模を拡大、中国国内最大シェアをもつパソコンメーカーであるだけでなく、日本を除くアジア太平洋地域のパソコン市場でもトップシェアを確保した。

　聯想は現在、技術主導型企業を目指すべく戦略転換を図り、さらに国際的にそのブランドを浸透させるために、海外向けの社名をレノボに変更した。レノボの人的資源管理は下記のような特徴に集約できる。

　(1) 競馬方式の人事考課　レノボも創業期から「競馬の中で良い馬を識別し、早く走れる者をサポートする」という発想の下で人的資源管理を行ってきた。中国では、1960～1970年代の文化大革命時代では大学教育が中止となったため、人材育成の空白期があった。レノボは創業後の6年目（1990年）から、人材不足が顕著になり、大量に大卒と大学院卒の若年社員を採用するようになった。1990年代以降、全社の8割以上が20～30代の若年層大卒者となった。それに従い、レノボは、毎年、数十名の若年社員を管理職に抜擢していた。創立後10年未満

の1993年頃に、レノボは管理職の新旧交代を実現させ、事業部制(社内カンパニー)を導入した。そのときに、8割以上の社内カンパニー社長が30代に若返りした。

レノボは競馬方式によって人材選抜を行っているが、決して協調性を軽視しているわけではない。むしろチームワークの習慣を意識的に育成してきた。1994年にレノボは社長直轄の組織をつくり、管理職の中堅を担う可能性の大きい人材を集め、重要事項の意思決定を全員のディスカッションで行うようになった。このような試みを通じて、自分の部署の利益だけでなく、会社の戦略を考え、異なる価値観や性格がぶつかり合う中でチームワークを達成する能力を意識的に育成してきた。

(2) 成果主義型のインセンティブ制度　レノボでは、それぞれの職位の責任、権限、目標と所得を明確に規定し、それに基づいて人事評価を行い、評価結果を社内に公開している。販売スタッフは販売業績、研究開発スタッフは開発成果の売上等に比例して、基本給以外に業績給を支給される。管理スタッフはその部門の業績によって評価される。評価の基準が明確にしているがゆえに、レノボの中では、部署間や個人間の収入格差はあって当然だと受け止められている。優秀な営業スタッフの収入は同部署の上司より倍以上高いこともよくある。ある分野で特別な才能をもつ人材は、自分の得意分野の中で大きく成長し、それによって自分の価値を実現する。必ずしも管理職になる必要はない。これはレノボの中では極めて重要な思想として受け止められている。つまり人材が全員同じ競走路に集まるのではなく、それぞれに適した競走路を用意してあげることである。

レノボでは、インセンティブ・メカニズムと淘汰制度を両立させている。業績の優れた社員に対して、月給や年度ボーナスの引き上げなどで表彰するのみなく、海外旅行、有給休暇、昇進昇給などの形をもって表彰している。他方、業績の芳しくない従業員に対して、一定の比率で淘汰している。重要ポストに対しては社内公募を行い、潜在能力のある人材にできるだけのチャンスを提供している。

(3) 戦略型人材の育成　1990年代以降、レノボは、意識的に戦略型人材の育成に力を入れた。レノボにおける戦略型人材の判断基準は三つある。①優れた業務

能力、②優れた人間関係能力と協調能力、③大局に立って戦略を考える能力。

　レノボは、現場での仕事と実績に基づいて人材選抜を行ってきた。米IBMのパソコン事業の買収を機に、レノボの世界本社会長になった楊元慶は、1988年に中国の大学院を卒業して入社、現場の営業マンからスタートして、2年後に部門マネージャーに昇進し、のちに能力が買われて29歳でPC事業部のトップになった。楊はPR事業部を率いてから、わずか2年間でパソコンのシェアを大幅に伸ばし、中国におけるPC市場トップシェアの達成に大きく貢献した。2000年に36歳のときに、楊はレノボのCEOに抜擢され、現在はレノボ世界本社の会長になった。

競争原理を徹底したIT大手・華為

　華為（Huawei・ファウェイ）は、1988年に創業した完全な民営企業である。主に各種のネットワーク用の交換機、ルータと携帯電話基地局などを生産している。デジタル交換機やルータにおいては中国1位のメーカーであり、ルータは世界シェアの3％をもつ。華為は、単なる組み立て加工メーカーにとどまらず、IC（集積回路）の設計も自社でやっており、R＆Dの投資比率も中国では突出して高い。華為の年商は約40億ドル、そのうち、海外でも売上は10億ドル規模で（2003年）、名実ともに中国最大の情報通信機器メーカーであり、中国のシスコシステムズとも呼ばれている。

　華為では、年間利益の10％を研究開発に投入することを、会社の「基本法」に定めている。華為の従業員は2万人余りで、ほとんどは20代の若年層であり、そのうちの85％が大卒者である。6割以上の社員は研究開発（R＆D）スタッフで、博士や修士も数千人規模である（華為ホームページ）。華為が躍進する理由は、「優秀な人材を集め、R＆Dに集中している」ことと指摘されている。華為は、これまで、優秀な研究開発者の大量投入による重点突破戦略の下で、交換機、ファイバーネットワーク通信設備および3G（次世代携帯電話）のWCDMA規格製品などの分野で相次ぎ自主開発を成功している。

(1) 過酷な入社教育と5％淘汰　華為は、毎年、理科系で中国一の清華大学を

はじめ、一流大学から数千人規模の新人を雇い入れ、5カ月間にわたり、軍隊並みの過酷な規律の下で入社教育を行っている。新入社員は、華為の経営理念や企業文化だけでなく、現場での研修、技術トレーニング、さらにマーケティングの実践スキルまで叩き込まれている。特に技術教育は「地獄特訓」といわれ、深夜までの講義が続き、ハードルの高い試験が次々と課される。最後に、成績が及第していても、最下位の5％は淘汰される運命にある。

販売トレーニングも極めてユニークである。たとえば、スーパーから1個12元の商品を買い入れ、それを1個15元で新入社員に買ってもらい、青空市場で15元を下回らない値段で売らせる。利益が出れば新人のポケットマネーになるが、売れなかったら自己損失になる。露天商の免許がない華為の新人は、青空市場の管理者と隠れん坊をしながら道端で懸命に売る。華為は、こうして厳しい競争に耐えうる強じんな精神を入社時から社員に植えつけているわけだ。

(2) ストックオプションの導入 華為は経営指針となる「華為基本法」を制定している。その基本法は「知識の資本化」を掲げ、「私たちは資本に転換する形で、労働、知識と企業家の経営やリスクの貢献度に対して利益配分を行っている。ストックオプションを譲渡することによって、会社の中核社員を確保し、会社を有効にコントロールし持続成長を果たす」と記している。

華為の中堅社員はその貢献度、経営者は経営リスクなどに応じて成功報酬として、ストックオプションを取得している。華為の持ち株制度の運営は基本的に成果主義に基づいている。研究開発やマーケティングのスタッフを特に優遇している。中堅社員は、入社1年後にまず自社株を取得する資格を得る。配当相当額をボーナスとして配分しており、個人の業績に応じて最高5倍ほど年収格差がつく。華為の社内持ち株の基本構造に関する情報が乏しいが、現在、一般的に知られているのは、確実に個人で会社の株を取得できているのは全体の4割を占める中堅社員である。そして、各従業員の持ち株比率は、それぞれの「能力、責任、勤務態度、リスク分担」などによって常時、調整されているのである。

(3) 競争原理に基づく内部労働市場 華為も企業内公募制度を導入し、人材の

合理的な配置を図っている。1995年には、華為はデジタル交換機の自主開発の成功を機に、中間管理職の「集団辞職願」という荒療治に打って出た。営業部の全管理職に辞表と今後の目標設定を提出してもらい、いったん全員の役職を解いた。さらに業績と潜在能力に基づき彼らが出した目標設定について社内評価を行い、7割を管理職として再登板させる一方、残りの3割は降格させ、代わりにより適格と思われる若い社員を登用した。

(4) 企業内の能力開発と資格制度　華為は、イギリスのNVQ（職業資格認定制度、National Vocation Qualification）に基づき、資格認定を行い、各級の管理職や専門職の資格認定基準、資格取得後の処遇を明確に定めている。資格認定と能力開発を結ぶことによって、従業員の能力向上を促すのが狙いである。華為では、「管理職」と「専門職」という二つの昇進コースを用意し、それぞれ1級～5級までの資格を設けている。管理職と専門職の間でも自由に行き渡る仕組みを設けている（**図1**参照、華為ホームページより）

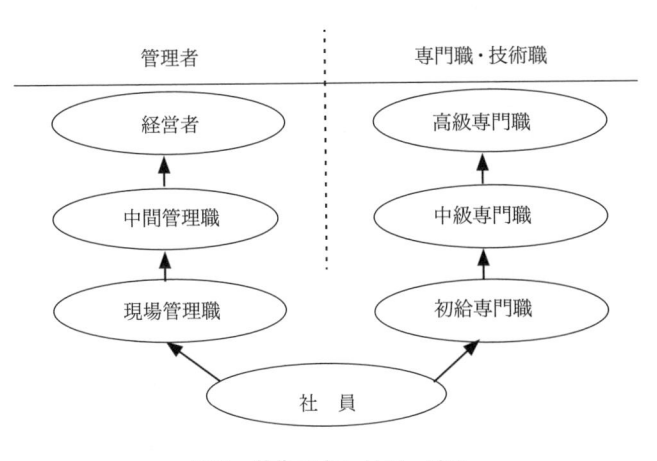

図1　華為のキャリア・パス

実力型人材登用で起死回生を果たした老舗国有企業

中国の経済成長は、海外からの投資に支えられているだけだという見方がある。

特集　東アジアの労使関係

しかし、中国企業の現場をみれば、そのような見方は物事の一面しか捉えていないことが分かる。中国の民間経済力の確実な成長を肌で感じられるからだ。広東省広州市に「王老吉」という漢方製薬の老舗企業がある。約170年前に創業されたこの企業は1950年代に国に買収され国有企業となり、一時期「王老吉」のブランドすら手放すことになった。10年前は当時の経営者が「多角化経営」に惑わされ、土地勘もない分野に手を広げた結果、大失敗を喫し倒産寸前となった。2001年、この会社を救うため親企業である広東省医薬公司は、国有企業の慣習を破って弱冠33歳の施少斌氏を社長に任命した。当時、この人事は広州市最年少の国有企業社長として話題になった。

施社長は年齢が若いが、企業人としての経験は群を抜いている。大学を卒業してから国有製薬会社に就職。研究開発部門に配属されたのち、営業でそれまで誰も達成しなかった成績を挙げ、経営者の目にとまった。その後は社長秘書、総務部長など管理部門を歴任、28歳でグループ企業の中で最年少の副社長となった。2001年「王老吉」の社長に任命されるまでに企業のほとんどの組織をひと通り経験したわけだ。

自らがたたき上げの施社長は実力主義の信奉者である。彼は「王老吉」の再生を「社内公募による社長以下すべての管理職の刷新」に賭けた。この発想は、中国の家電大手ハイアールの競馬思想にヒントを得ている。「馬を選別するには走らせてみるのが一番良い」というのだ。学歴や年齢による区別は一切設けない。あくまでも本人の能力や業績で評価する。外部の人材コンサルタントも入れて徹底的に選考内容を議論し、選考委員に外部から大学教授や医薬専門家、民間企業経営者、人材コンサルタントを招いた。

前後3カ月かかった社長補佐の選考内容はこうだ。まず、応募者の経営理念、全社現状の把握、危機管理、思考の柔軟性、社交能力などを徹底的に審査するための細部にわたる選考基準が設けられた。試験内容は型にはまったありきたりのものよりも、はるかに実用主義である。その一例は円卓会議だ。応募者を一堂に集め、司会者も議題もない会議に参加させる。チェックポイントは、誰が会議の流れや主題を自分が進めようとするテーマに誘導できるかなのだ。これは社長補佐としての現場コントロール能力を審査するのが狙いだ。

また、ある日の筆記試験には全20問の質問用紙を配り、3分間以内に全問に回答するように要求した。ほとんどの受験者はあわてて第1問から答えを書き始めたが、ひと通り20問に全部目を通した受験生が1人だけいた。実は、最後の質問には「自分の名前だけを書いて出せばこの試験はクリアしたことになる」と記していた。結局、時間通りに答案を完成できたのはこの1人だけであった。この試験は問題に直面した際に、どれだけ臨機応変に対応できるかの能力をチェックしていたのだ。最後に面接者に一通の手紙をもたせ、まったく面識のない大学教授や経営者を訪問させ、自らの評価を書いてもらった。これは営業能力や初対面の人との社交能力をチェックするためだった。

　中国では文化大革命（1966－1976年）の期間、大学教育を廃止した時期があった。そのため、大学教育が再開したのちの1980年代に大学に進学した20代や30代と、それ以前の40代や50代と大きな教育格差が横たわっているのが実情だ。しかし、年功序列を重んじるかつての国有企業では年功を超えた人材登用が難しかった。施社長が導入した社内公募制は、まさにこうした慣例を打ち破るための"劇薬"であった。社員の平均年齢が40代を超える「王老吉」だが、現在管理職の平均年齢は30代だ。社内公募制によって、思い切った若返りが実現したのだ。

　施社長は管理職の社内公募だけでなく、従業員による管理職評価の制度も導入した。点数の上位4人の管理職を表彰し、貢献度に応じた10万元を超えるボーナスが支給される。一方、点数の最も悪い4人の管理職はヒラ社員に降格される。管理職を解かれても頑張ればまた敗者復活を果たせる。こうした制度に加えて、施社長は貢献度に応じて所得分配にもメリハリをつけるべきだと考えた。一般社員のボーナスも完全に企業への貢献度に基づいて決められている。3年に1回優秀社員を表彰している。優秀社員は会社が全額負担する海外旅行のチャンスが与えられ、毎年5,000元の表彰金が支給される。

　「王老吉」のような国有企業は「民営化した国有企業」と呼ばれる。国有企業は広い工場敷地、充実した設備と資産に加えて、昔からのブランドももっている。「こうした優位性をうまく生かせば利益を出せるはずだ」と施社長はいう。施社長は王老吉のブランド信用力を回復し、少しずつ会社を黒字経営に転換し、往時の栄光を取り戻すことに成功した。現在、王老吉は毎年1,000万元以上の利益を

出し、最近3年間でほぼ年率25％の成長を達成した。社員もかつての500人から今は1,000人規模まで拡大している。

学歴よりも実力重視の民間IT企業

広州市東部は大学の集中地域。そこに中国ナンバー2といわれる巨大なソフトウェア工業団地がある。「天河軟件園（天河ソフトウェアパーク）」という。ゲートを入ってすぐの目立つ場所に、ガラス張りの立派な建物を構える同市最大の民間IT企業「新太」がある。創業者の2人は広州の名門「中山大学」の元講師。1986年に国立大学で「万年講師」を続けることに嫌気がさした2人は民間の研究開発機関を立ち上げ、電信事業応用ソフト開発に自分たちの可能性を賭けた。

創業から最初の7年間で、大学にいた頃には想像もつかない30以上の研究成果を相次ぎ発表。これらを基礎に開発した独自商品でニッチ市場を開拓し、その後、会社は急ピッチで成長した。創業から18年後の今や電話交換機や携帯電話の応用ソフト開発の大手企業。子会社は30近くにのぼり、社員数も3,000人余りとなった。平均年齢は28歳で、うち9割以上は大卒者という若い人材が支える会社である。

広東省には毎年、中国の内陸部から膨大な数の出稼ぎ労働者が集まる。新太の子会社社長の陳緒娟（チン・シュー・ジェン、34歳）も17年前は貧しい広西チワン族自治区から来た17歳の出稼ぎ労働者に過ぎなかった。彼女の運命を変えたのは新太創業者との出会いだ。「苦労はするがやりがいはあると思う。苦労に耐えられるなら、うちに手伝いに来ないか」と声をかけられ入社した。

当時の新太は、100平方メートル安アパートにオフィスを構え、創業者を含めて10数人のメンバーが朝から晩まで働いていた。陳の最初の仕事は掃除係だった。そのとき、彼女は「この仕事を絶対失っちゃだめよ」と自ら誓った。陳はできることは何でもやった。見よう見まねで、機械の取り付けもマスターした。そんな彼女にある日、1日8台の機械の取り付けが任された。とても無理だと思われたが、彼女はなんと20台も取り付けた。

そんな仕事振りが社内で次第に認められるようになる。徹夜仕事が続くときには創業者や仲間と一緒に屋台の食事に出かけ、ダンスホールで踊った。笑っては

しゃげば、疲れはすっかり吹き飛ぶ。新太では創業者も社員も同じ情熱、同じ信念を共有していた。彼女にとってはかけがえのない青春のひとコマだった。

会社の規模が大きくなると、陳は倉庫の責任者に命じられた。ちょうど銀行や郵便局などの大口クライアントが増えてきた時期だった。仕事の内容もますます高度に、複雑になってきた。陳は夜や週末を利用して、それまで行くチャンスのなかった大学に通い、会計などの勉強を始めた。やがて、仕事の問題についても自分なりの改善策を考えるようになった。

ある日、陳は規則性のある商品の動きに気がついた。それはクライアントがソフトウエアやシステムを購入したのちには、必ず関連の書類や消耗品を買うということだ。そこで陳は出張を利用して全国から少しずつ書籍や消耗品を買い集めた。オフィスの廊下に書籍・消耗品コーナーを設け、ソフトやシステムの納品にあわせて販売したのだ。この小さいアイディアはやがて新太に大きな利益をもたらす事業となった。入社6年目、陳は子会社の経理担当副社長に就任した。そこでも彼女は部下を率いて部材購入管理のソフトを開発し、全社のコスト削減に大きく貢献した。

陳を突き動かした原動力は何か。それは一つの単語に凝縮されている。それは「夢」や「チャンス」を意味する「発展空間」という言葉である。「私はチャレンジングな仕事が好きで、仕事をいつも観察して改善提案を見つけ、上司や同僚と話し合いながら実現させていく。それが自分の大きな『発展空間』にもつながった」と彼女はいう。陳は朝には誰より早く会社に着き、夜は一番最後にオフィスの鍵を閉めている。帰宅後もIT雑誌や新聞を読みあさり、市場や業界情報のチェックを怠らない。

疲れがピークに達したとき、上司に誤解されたことなどが重なり2回も辞職届けを出したことがある。しかし、最後には撤回した。「すでに新太とは切っても切れない情がある」と彼女は語る。2003年に自らの提案に基づいて設立された子会社の社長となった。「一人娘を親に預け、母親としての責任を十分に果たしていない」と時々自責の念に駆られることもある。しかし、彼女は今、自分の能力を試す新たな挑戦を目の前にして、以前にも増して仕事への情熱を燃やしている。

新太では、今一番売れているソフトを開発した若者の話も聞いた。今年29歳

の張少文氏である。張は1996年に大学を卒業して新太に入社した。当時、中国の通信需要は急拡大しており、ネットワークの基盤となるソフトウェアの開発が急がれていた。若さゆえに怖いものがない張は、斬新な設計思想を提案して周囲を驚かせた。

彼の設計思想をベースに開発されたソフトウェアは、電信部門で評判を得てたちまち中国都市部で広がり、会社にばく大な利益をもたらした。99年に24歳の張は、入社3年目で自分より年上で博士号や修士号をもつ研究者を大勢かかえる開発チームのリーダーを任された。そして、わずか半年で性能や安定性がさらに優れたソフトを開発し、ぐんぐんシェアを伸ばした。

中国では最大の祝日である旧暦新年には、通常会社からボーナスが出る。2001年の旧暦新年に、張は会社への貢献を表彰されボーナスとして真新しい乗用車が贈られた。今、張は研究開発を担う新太の子会社である「新太科技」の副社長。ストックオプションで自社株も所有している。張がいうには、「新太にいると大きな『発展空間』、つまり人生のやりがいや夢を感じられる」そうだ。同業他社からのスカウトも何度か受けたことがあるが、新太を離れたくはない、と言い切る。彼にとっては会社とは、まさに自分自身なのだ。

2. 中国の成果主義型人的資源管理

中国型成果主義人材制度の誕生

以上、中国企業の人材制度革新の事例をみてきたが、躍進する中国企業には共通した特徴がある。これらの企業はいずれも政府からの干渉や介入を受けずに、市場経済に適応した形で急成長を果たした。非常に優れた経営者あるいは創業者が企業をリードしている。成果主義に基づく中国民間企業の人的資源管理モデルは、中国的な寄せ集め型生産に最も適しており、さらに、人材マネジメントにおける制度革新が行われているために、短期間における企業の飛躍的な発展をもたらしたのである。

日本企業は戦後、長期安定雇用と長期取引関係の下で、部品設計をきめ細かく調整し、製品ごとに部品間の最適設計を図る擦りあわせ型製品の分野で強みを発揮したが、移民社会のアメリカでは、標準化された部品を結合させた上で、大量

生産を行うのは一般的である。躍進する中国企業は、汎用部品の寄せ集めによって柔軟に多様な製品を作る組み合わせ型生産に人的資源を集中し、短期間に市場シェアを拡大した。そういう意味では、躍進する中国企業は、日本型よりもアメリカ型に近い寄せ集め型生産モデルである。中国民間企業は、こうした寄せ集め型生産に最も適した成果主義の労務管理の確立によって、逞しい成長を遂げてきた。

　ハイアールの場合、部品の外注化、汎用製品の大量採用が一般的であり、寄せ集めた既存部品を繋ぎ合わせて製品を完成することが多く、機能設計中心でありながらも、あくまでも寄せ集め型の製品開発を基本としている。レノボは、最初、日米など先進国製品の代理販売で最新技術を学び、全国に販売拠点を構築したが、一定の時期を過ぎると、製造ラインを導入して自社生産に踏み切った。その後は、自社開発の漢字ワープロボートを搭載することによって、中国市場に適応する自社製品に作り変えていく戦略で事業を拡大してきた。

　華為も、純国産大容量電話交換機の自主開発の成功を機に、1990年代後半からベルなどの欧米企業が独占していた交換機市場に参入し、売上が急拡大した。その後、華為は、先進国企業が開発した最先端技術の使用ライセンスを購入し、より低いコストで、より市場需要にフィットする形で応用開発を施す「後追い」戦略に切り替えていた。華為の任正非総裁にいわせれば、現時点では、華為は独自のコア技術にこだわらず、先行する欧米企業の後を追い、チャンスを見つけ、さらにチャンスを掴むことによって市場での成功を目指す「後追い型」経営戦略をとっているのである。

　つまり、ハイアール、レノボや華為などの中国企業は、戦略提携による外部資源の積極的な活用、標準化部品の寄せ集めと市場需要に直結する応用型研究開発などによって、急成長を遂げてきたのである。その急成長を支えているのは、まさに厳酷で明確な成果主義型の労務管理である。

　ハイアールなどの中国企業は、こうした生産体制の確立とともに、強力な販売ネットワークを構築することによって、短期間における市場シェアの向上を達成した。中国は、1995年の「労働法」の公布とそれに続く全員労働契約制度の導入によって、期限つきの労働契約制度が定着した。特に、民間企業では、すべての

特集　東アジアの労使関係

表1　中国の成果主義型人的資源管理モデル

等級	主要職業	賃金形態
エグゼクティブ・クラス	・ゼネラル・マネージャー ・エグゼクティブ級の専門技術者	▲年俸制・持ち株・ストックオプションなど
ホワイトカラー層	・管理職 ・専門職・技術職 ・事務職	▲基本給＋業績給 ▲能力・実績に基づく処遇 ▲抜擢人事
ブルーカラー層	・オペレーターなど現場労働者	▲出来高払い ▲賞金と罰金 ▲最下位淘汰

中国 HRM の主な慣行と制度

→戦略的人材の早期発見・育成・抜擢
→ストックオプション
→異なる競走路（キャリア・パス）の用意
→エンプロイアビリティー支援
→競馬方式

　従業員が会社との間で期限を定めた雇用契約を結び、成果に応じて給与を支払われることは一般的にとなっている。コアとなる経営陣や研究開発職にはストックオプション、一般管理職や販売スタッフの場合は、基本給と業績に応じる成果給、さらにワーカー層では出来高払いなどが一般的になっている。中国の都市部には就労適齢人口は3億人を超えており、農村部にはさらに約2億人の余剰労働力がある。大量の優秀で安価な単純労働者の存在は、中国企業の低コストかつ大ロットの寄せ集め型生産を支えている。

　また、中国企業は、全国の隅々まで広がる販売拠点や「至れり尽せり」のアフターサービス体制を構築している。労働者の大量動員という人海戦術と厳格な業績評価との組み合わせによって、中国企業は急速に売上を伸ばしてシェアを拡大した。急成長する市場に適応して大量生産を行う場合、明確な基準に基づく成果主義型人的資源管理は最も有効な手段となっている。豊富な労働力と成果主義型労務管理は、中国企業のコスト競争力を構築した最大要因の一つである。

中国の若い人材が求める「発展空間」

　市場経済の発展に伴って中国社会は急速に変貌している。20～30代の都市部新中間層には、競争に積極的に参加し、効率と利益を優先する考え方がますます浸透している。個人の自由が少ない計画経済の時代を生き抜いた親世代をみてきた彼らは、新しい時代が提供してくれる新たな「発展空間」を敏感に察知し、そこに大きな夢と希望を抱いている。彼らには、努力を重ねてマイホームやマイカー

を買い「欧米の中産階級のような生活水準を獲得したい」という強い思いがある。また、彼らは自己実現を目指して、強烈な上昇志向をもっている。

　しかし、効率や実利ばかり優先される価値観の画一化を憂慮する声もあがってきている。実は、「発展空間」をひたすら追い求める新中間層には心身の過労やストレスなどによる燃え尽き症候群の問題が生じている。勝ち組の新中間層と教育に恵まれない農村労働者など大衆層との格差がさらに拡大すれば、経済の持続成長の足かせにもなりかねない。利益追求だけでなく、多くの人が享受できる「発展空間」をどう構築していくかも、新たな問題となっている。

　なぜ、中国社会では、成果主義型人的資源管理モデルが、ここまで浸透したのか。中国では、若年層ホワイトカラーが社会中間層の主流になりつつある。通常の社会発展の規則として、ホワイトカラーは45歳前後にキャリアや所得の頂点を迎えるが、中国の現状では、25〜35歳の若年層の所得が45歳以上の中年層を上回っている。これは市場経済への転換期にある中国社会の特殊現象である。

　中国では1970年代末まで計画経済の下で、完全な年功制度を採択していたため、所得と年齢の相関関係は直線的な上昇傾向を示していた。しかし、1980年代以降、市場メカニズムが徐々に導入され、とりわけ1990年代以降、かつての政府による職場への配属制度が廃止され、自由な雇用制度が一般化した。比較的競争優位をもつ若年層がより良い就職チャンスとそれに伴う高所得を獲得している。他方、このような社会や経済システムの激変に適応できない中高年層の所得は相対的に減少している。

　上昇志向の強い若年層は高学歴をもち、管理職や専門職を目指すキャリア・プランを考えており、自らの努力を通じて、生活の質や地位・所得の向上を実現しようとしている。20〜30代の若年層がメインとなるいわゆる新中間層は、戦後の日本の団塊世代に似通っており、今後中国の社会、経済、政治などの諸分野に多大な影響を及ぼすと考えられる。新中間層の台頭と能力主義の浸透は、成果主義人的資源管理モデルが中国で機能する最大の理由である。

急激に変化するビジネス環境に適した中国企業の人材制度

　躍進する中国企業の成功要因は、単なる厳酷な労働管理だけではない。人材マ

ネジメントにおける制度革新が行われていることも決して見逃してはならない。躍進する中国企業は、若手を積極的に登用し、組織の学習意欲が旺盛で、ベンチャースピリットに富む。市場の変化に対する反応が俊敏で、新しい技術の導入も迅速である。世界最先端の技術開発こそまだ無理であるが、先進国で生まれた新しい技術を速やかに吸収し、コストがより低い中国型寄せ集め型製品に作り変えていく、いわば「換骨奪胎」の能力に優れている。さらに、中国企業の意思決定のスピードが速く、マーケットにおけるパフォーマンス能力が高い。これらは、いずれも中国企業の人材マネジメントの制度的革新があるがゆえに可能になったのである。

　ひと言でいえば、躍進する中国企業では、序列を排除した社内市場原理主義に基づく人材マネジメントを導入し、社内起業家精神の育成に努めている。ハイアールは、業績の優れた有能な若手中堅社員に、厳しい試練を次々に与えて速やかに成長させ、30代でもすでに副社長の大任を与えている。レノボでは、早い時期から意識的に戦略的人材の発見と育成に努め、実績のある人材を30代の若さで社長に就任させた。華為は、中堅社員に成功報酬としてのストックオプションを譲渡している。

　人材にとって、外から与えられたモチベーションよりも、心理的な興奮や達成感、またはチャレンジの過程や機会などが、創造性をもたらす源泉である。中国企業における競馬式の人材登用制度は、人材に常にチャンスを開き、明確な評価基準や業績目標を提示している。能力があり、努力さえすれば誰にもチャンスを与える。序列をより少なくして、チャンスを与え、業績をあげた者を正当に評価し、重要な仕事を任せ、それに準ずる処遇を与える。このような組織風土の中では、ビジネスモデルを革新する社内起業家が生まれやすい。金銭だけがモチベーションになるわけではない。常に海外企業との熾烈な競争にさらされている中国の民間企業は、自らに民族産業の振興という大きな使命も課している。

　目標を明確に定め、努力の方向をきちんと示す「目標インセンティブ」、業績に応じて利益を配分する「利益配分のインセンティブ」、競馬式競争の中で人材を発見し登用する「競争のインセンティブ」、民族産業の振興という「精神面のインセンティブ」。中国民間企業の躍進の背後には、こうした内発・外発的な全方

位のインセンティブ・メカニズムが存在している。急激に変化する中国社会では、非連続変革に対応できる能力が必要とされる。中国企業における人材マネジメントはむしろこうした急激で非連続変化のビジネス環境には適応しているといえよう。

「土狼」からの脱皮は中国企業の課題

以上は中国企業の人的資源管理モデルの強さを分析してきたが、一方、同モデルは実は多くの弱みをかかえているのも事実である。

(1) **人治主義**　ボトムアップを主とする日本企業とは異なり、中国企業の意思決定はまだほとんどトップダウンに依存している。特に、中国の民間企業は、歴史がまだ短く、企業経営の制度作りにはまだ慣れていない。ワンマン経営の色彩が強く、有能なミドル層の創造性の発揮を妨げることもある。トップ経営者の力量に依存する中国企業では、「人治」の色彩が強く、企業の浮き沈みが激しい。これまで、中国企業では、トップの意思決定が正しい場合、組織の動きも俊敏で、高成長を実現できるが、優秀なトップが去り、あるいは間違った決断を下した場合、組織の業績が大幅に後退することも多い。

(2) **人材の不安定性**　中国の民間企業では、長期間の人材育成が追いつかず、人材流動も激しい。人材の不安定性は、企業の持続的な安定成長のネックとなっている。北京大学MBAコースの調査によれば、9割以上の中国企業は、人材不足を認めている。さらに5割以上の調査対象者は2年のうちに転職する考えを示している。そのうちの6割以上は日本でいう部長級のマネージャーあるいはそれ以上の管理職である（新華網04,4,4）。民間企業の管理職や技術者の中のキーパーソンが集団で競合他社に転職する、あるいは自ら起業するケースは中国ではむしろ日常茶飯事のように起きている。華為の場合、かつての交換機開発のキーパーソンで、技術開発をリードする副社長が部下を率いて、集団離職で新たな企業を起こし、今は華為を悩ます有力な競合相手となっている。

(3) 顕著な人材不足　ハイアール、レノボ、華為など躍進する中国企業は、1980〜90年代に急速に組織拡大したため、若手を大量に抜擢し中間管理職に当てている。しかし、実質的には成熟した中間管理職やプロフェッショナル人材が著しく不足している。国際的な人材コンサルティングファームのヒューイットが中国で行った調査によれば、半分に近い中国企業は、管理職人材の不足を認めている。特に実行部隊の要となる「中間管理職」が極端に不足している。管理システムが整わないうちに急成長した結果、事業はいたるところで齟齬をきたし、効率が急速に低下する。

レノボでは、一時期、中間管理職の能力が大きな課題となっている。中間管理職の地位に上り詰めたのちに保身的になり、到達しやすい目標しか立たず、自分のなれた分野あるいはリスクの少ないことにしか手を出さない。そのため、現場社員の創造力が抹殺され、かつての組織のダイナミックさが失われつつあると指摘する声もあった。中間管理職だけでなく、中国では、次世代技術の開発に取り組む研究開発人材や現場の熟練技能労働者も大量に不足している。

(4) 単線型組織の弊害　躍進する中国企業の組織構造は極めてシンプルである。トップ経営陣の下に、財務、生産、技術、販売といった各部署のマネージャーは、トップ経営陣の指令を受けながら組織を運営している。このような単線型のピラミット構造は、責任と職務権限が極めて明確で、意思決定が迅速などの強さをもっている。短期契約と歩合性給料で現場労働者を大量に雇い、必要に応じて容易に入れ替える。市場変化に迅速に対応するフレキシブルな組織体制を維持し、人海戦術の下で、チャンスをつかみ一点突破し、短期間にシェアと利益を拡大することもできる。ただし、こうした組織は実は、まだ創業期のスモール組織の特徴をもっており、直線管理のピラミット構造となっている。

しかし、組織の拡大と業務の複雑化に従い、こうした単線型組織は次第に適応力を失い、効率の悪さが次第に露呈してきている。特に部門間の協調性の欠如やキーパーソンへの過度依存などは大きな問題となっている。そのため、中国企業は、単線型組織への脱皮を始めている。華為は、現在、すでにこうした単線型組織から事業部制に移り変わり、各事業部への権限委譲などの試行を始めた。

(5) 短期志向　レノボなどのIT企業は、先進国企業製品の代理販売から始め、販売利益で資本を蓄積し、技術を習得し、資本、技術と人材がある程度蓄積できれば、自社色を強める製品を開発し全国に張りめぐらされるネットワークを使って販売を行ってきた。いわゆる「貿工技モデル」、つまり貿易取引販売→工場生産→技術開発のプロセスをたどってきたのである。ハイアールは、市場鏈（マーケット・チェーン）の発想に基づき、社内の各部署や社員の間でも「顧客」の概念を取り入れ、外部市場と直結させている。こうしたモデルの下では、経営者をはじめ従業員全員は技術志向より市場志向の傾向が強い。企業の創生期では、このような市場直結型の企業文化は、市場機会をいち早くつかみ、足元を固めるには極めて有効である。中国企業の優位性は研究開発や生産技術よりも、販売関連、コスト管理、収益性の重視にあるのはこのような理由に由来する。

しかし、企業の成熟に従い、このような短期志向型の企業文化は、より深いレベルの自主開発や生産技術の向上の妨げになることも憂慮すべきである。中国の家電大手は、例外なく、生産ラインの過剰建設によって供給過剰に陥り、値下げ合戦に巻き込まれ、利益が減少するという悪循環を経験している。デジタル家電などの新規分野では、コア部品が海外に依存しているため、日本や韓国企業の後塵を拝している。

急成長を果たした中国の民間企業を一言でいえば、華為が自称している「土狼」集団である。「土狼」とは「荒野の狼」のような意味である。荒野の狼は生存競争を勝ち取るために鋭い嗅覚をもっており、市場ニーズをいち早く嗅ぎつける。そして荒野の狼は、目標を達成するために身を捨てるほどの勇敢さで攻撃を仕掛けていく。このような強靭な精神をもつのは民営企業を起こす創業者の人たちであり、彼らは一同団結すると土狼集団となる。

中国企業の経営戦術をみると、資源を集中して一点突破、ローエンド製品をもって参入し市場を蚕食する、さらに価格戦争で敵を撃ち落す等々、いわば「農村から都市を包囲する戦略」や「人海戦術」といった毛沢東のゲリラ戦争思想の影響も垣間みることができる。「顧客が最終的に私を選び、あなたを選ばなかった、これこそ企業のコア・コンピタンスだ」（華為創業者・任正非）という言葉に

凝縮されたように、「売上」を究極な目標に掲げる中国企業は、市場需要を鋭く嗅ぎつけ、応用型開発でコストを最小限に抑えて製品を「換骨奪胎」的に作り変え、至れり尽くせりのアフターサービスや隅々まで浸透する販売ネットワークと奇抜な宣伝やプロモーションなどによって、瞬間風速的に市場を勝ち取る戦略を構築している。そして、成功に対する論功行賞が行われ、その背後にあるのは成果主義型の人的資源管理であろう。

しかし、成熟したミドル管理職、研究開発スタッフおよび熟練した労働者が著しく不足し、組織文化は短期志向であるため、中国の民間企業は、基幹部品とコア技術の自主開発が少なく、外部調達への依存度が高い。結果として躍進する中国民間企業はコア部品やコア技術の開発能力が弱いだけでなく、生産効率もまだ改善の余地が大きい。総じていえば、高付加価値製品を作る能力が依然として弱い。中国企業は、いかにして「土狼」集団から脱皮し、中国型人的資源管理制度のいっそうの精緻化を図るかは、今後の大きな課題である。

3. 中国を舞台とするグローバルな人材競争

中国のIT業界における人材競争

今は、中国を舞台とするグローバルな人材競争が繰り広げられている時代であり、マイクロソフト、モトローラ、IBM、ルーセントテクノロジー、ノキアなど欧米企業は、中国で相次ぎに研究開発拠点を設立し、博士、修士等の高学歴者を研究スタッフとして採用し、現地の優秀頭脳確保をめぐる競争合戦が繰り広げられている。日系各社も、すでに中国を生産拠点として捉えるだけでなく、現地で研究開発体制を整備することによって、優秀頭脳の確保に躍起になっている。松下電器産業が北京で研究開発センターを設立して（2001年）以来、近年、日系企業が中国で研究開発センターを設立するニュースは、日本の各新聞に頻繁に登場し、一種のブームになっている。

IT産業の急速な発展に従い、世界的にIT人材が不足しており、IT業界の大手企業が最も力を入れているのはグローバル規模の人材集めである。中国のIT人材もその例外ではない。中国のトップレベルの清華大学と北京大学におけるハイテク専攻の卒業生のうち、82％と76％がアメリカに流出したという統計がある。

シリコンバレーにおける20万人のエンジニアのうち、6万人が中国人で、3分の1を占めている。日本にも毎年8千人の中国人エンジニアが流れている。IT人材の海外流出に加えて、多国籍企業が中国でR＆D組織を設立し、ITの専門人材は、国内にいながら欧米系企業の中で働くこととなった。

中国の30数カ所の一流大学には、外資企業が関与した奨学金制度が設けられている。そのうち、約半分の大学では、卒業生の進路が奨学金を提供する外資企業の意向によって左右されている。たとえば、清華大学の100種類近い奨学金の中で、外資企業が出資したものは半数も占めており、金額も巨大である。北京大学は毎年総額400万元の奨学金を支給しているが、そのうちの300万元は外資企業によって提供されている。

IT人材にとって、外資の研究開発組織の魅力は、報酬などの処遇だけではない。人の使い方などにおける経営理念の魅力も大きい。マイクロソフト中国研究所前所長の李開復が研究所の経営理念にふれて、「研究開発機構の成否のカギは、自由でオープンな環境を確立できるか否かにある。マイクロソフト中国研究所は、オープンで自由かつ平等な研究環境を目指しており、研究スタッフには十分な時間と空間をもたせ、彼らに好きな研究をさせている」と語った。このような経営理念に魅了され、マイクロソフト中国研究所には、現地の優秀人材が押し寄せている。

1998年、マイクロソフトは8,000米ドルを投資し、イギリスのケンブリッジにある研究所に次ぐ、二番目の海外研究所であるマイクロソフト中国研究所を北京に設立した。2001年、マイクロソフトはさらに4,000米ドルを追加投資し、上海に設けたマイクロソフトのアジア技術センターの規模を倍以上に拡大した。これまで、マイクロソフトは中国で四つの現地企業を設立したが、そのうちの三つは研究開発型企業である。マイクロソフトに先立ち、IBMは、すでに1995年からIBM中国研究センターを発足し、2000年末には、上海の浦東でソフト開発センターを設立した。

世界的な通信機器大手ルーセントは、1998年に中国ベル研究所をスタートし、2000年には深圳でブロードバンドの研究開発センターを発足した。欧米系の多国籍企業は競い合うように、中国で相次ぎ研究開発機構を設立し、現地の博士、

修士等の高学歴者を研究スタッフとして雇い入れている。欧米系企業の後を追い、日本の多国籍企業も中国のIT人材の囲い込みに動き始めた。2001年2月、松下は北京で研究開発センターを設立し、5年内で現地人研究開発スタッフを1,500人までに拡大する計画を発表した。

「就職活動の当初は、中国企業か外資企業かということにはそれほどこだわらなかった。いずれにせよ仕事に変わりがないと思った。しかし、自分にとって理想的な職場は、オープンな環境、世界一流の研究者、チャレンジングな研究課題をもつこと。このような環境を提供してくれるのは、マイクロソフトしかない。だから、マイクロソフトに目が向いた」。マイクロソフト中国研究所でアシスタント研究員を務める北京大学卒の呂さんは、就職活動を振り返って、マイクロソフトを選んだ理由をこのように語った。

ハルビン工業大学でコンピュータ応用技術を研究して博士号を取った呉さんは、マイクロソフトの賃金について、外資企業の中ではトップ3に入ると認めた上で、自分の卒業当初の進路を振り返って、「指導教授について中国科学院でポストドクターとなるつもりだったが、再三考えた末、マイクロソフトを選んだ。一番大きい理由は、やはりここの研究条件だ。もうプロジェクト資金の申請に悩む必要がないから」と話した。

北京の政府系組織が発表したレポートは、多国籍企業が中国でR＆D（研究開発）組織を設立する狙いが、現地における高品質低コストの研究開発人材にあると分析し、多国籍企業のR＆D組織の展開は、中国の科学研究や教育システムに大きな衝撃を与え、人材流出にさらに拍車をかけると憂慮している。中国社会科学院の専門家は、多国籍企業の研究開発機構の設立が、IT人材にはより良い仕事のチャンスを与え、彼らの選択の幅を広げたと認めながら、国内のIT産業発展のためには、国家や国内企業が人材確保の方策を立てる必要性があると指摘した。

中国の小売業にみる人材競争

中国では、庶民の購買力が急速に向上しており、大都市では、小売業や流通業が急成長している。ネット上で人材仲介をやっている会社の求人情報をみれば分

かるように、大手小売業の求人情報は異常なほどあふれている。したがって、実質的には、できる販売人材の不足も深刻なのだ。百貨店や小売チェーン店の店長を務められる人材だけでも、かなり不足していると、上海の小売業に詳しい者がいう。

　2004年4月に、中国政府が発表した「外商投資商業領域管理弁法」によると、2004年12月から、外国の小売企業の進出に関しては、出資比率や進出地域などに関する従来の制限が撤廃され、本格的な市場競争の時代に入った。日本総研・『アジア・マンスリー』(2005年1月「WTO加盟3周年を迎え、市場開放を進める中国」・孟芳氏)によると、中国の小売企業のトップ100社の売上総額は、2001年が2,342億元だが、2003年では4,130億元（1元＝約14.5円）に増加しており、年平均76％の伸びなのだ。

　この驚異的な成長を遂げる巨大市場を狙って、世界トップ50の小売大手企業のうち、40社ほどがすでに中国に進出しており、その中に、米系のウォルマート（2004年末に中国に42店舗）や仏系のカルフール（同55店舗）など外資系の大型小売店は、すでに大都市での基盤を固めており、今後は、中小都市に拡大する計画を打ち出している。

　欧米系の小売チェーン企業の健闘に追随するように、最近では、韓国系や台湾系の勢いも増している。韓国スーパー・チェーンのNo.1ブランドと標榜する同国のE-Martも、最近、「易売得」という中国語のブランド名をもって、中国進出を果たした、2005年3月に「易売得」は、2007年までに、上海、北京、天津などで25店舗を設立すると発表した。大型商業施設が100を超える上海では、「易売得」は10店舗を構える計画である。上海・宝山地区に「易売得」が上海4号店をオープンした際には、500人もの一般公募を打ち出した。「易売得」の推測では、上海の大型商業施設は、まもなく300に達する見通しだ。「易売得」は韓国の小売業の先鋒として中国でしっかりと地盤を確保していく構えをみせているのだ。

　日系企業からマーケティングの相談を受けるとき、中国では、年間10％や20％の成長を果たしたいとよくいわれるが、中国人のマーケティング専門家や実務家と話すと、「今の中国では100％成長がないと、成長とはいえない」という。

　2005年1～2月では、上海では、百貨店、ショッピングセンターや家電専売店

表2 2004年中国小売チェーン企業売り上げトップ10

順位	会社名	所有形態	売上（億円）	伸び率（％）	店舗数（店）	伸び率（％）
1	百聯集団	国有	676.3	22	5,493	25
2	北京国美電器	民営	238.8	34	227	63
3	大連大商集団	国有	230.8	27	120	25
4	蘇寧電器	民営	221.1	80	193	30
5	カルフール	外資	162.4	21	62	51
6	北京華聯集団	国有	160	18	70	13
7	上海永楽家用電器	外資	158.5	62	108	71
8	蘇果スーパー	外資	138.8	45	1,345	16
9	農工商スーパー	民営	137	11	1,232	2
10	北京物美投資	民営	132.8	56	608	17

出所）中国チェーン経営協会2005年3月17日発表により作成。

の売り上げは、いずれも10％以上の成長幅で伸びている。2003年に誕生した上海百聯集団は、上海友誼、華聯、上海一百、上海物資の四つの集団を統合し、中国国内最大の流通グループとなった。しかし、市場は急速に伸びているが、それを支える人材の成長スピードは、追いついていけないのが現状である。人的資源専門家がいうには、上海の大学でも、流通業やマーケティングの専門科目を設けているのは極めて少ない。商業人材の育成を怠るつけが、今、まわってきたのだ。中国政府商務部の張志剛副部長は、人材不足が、中国の小売チェーン企業の発展を制約するネックだと警告を発している。

　流通業は転職が最も盛んな業界。小売チェーン業界では、離職率が10％を超えているのはもはや常識。人材不足は、必然的に人材流動の激化を招く。急ピッチに拡大する外資に、従来の国有小売業の有能人材が即戦力として相次ぎスカウトされていくのは、日常茶飯事になっている。

　しかし、外資も安泰でいられるわけではなくなった。中国民間資本の小売業が急速に台頭しているからだ。中国の民間企業の人材攻勢は、また常識はずれで手荒い。その分、勢いも凄い。その一つは、「集体跳槽」、つまり人材を根こそぎもっていかれることだ。2003年2月に、中国の民営企業の大手「希望集団」は、上海の「楽客多」商業発展集団の株を取得し、小売業進出と宣言したが、その後、台湾系の大手スーパー「楽購」から、社長、副社長から部門マネージャーまで、約30名の

高級管理職を全員、引き抜いた。

　民間企業同士の人材争奪となると、さらに勢いが激しく、まさに仁義なき戦いそのものだ。家電量販店といえば、日本では、ビックカメラやさくらやなどが思い浮かぶが、中国では、国美、蘇寧、大中の御三家が最大勢力をなしている。最近、北京にある大中の本社は、内陸部の大都市・西安への進出を決めた。そこで、大中は、ひと足早く西安に進出を果たした国美のスタッフに照準を当てて、賃金倍増という条件を打ち出して営業人材のスカウトを仕掛けたのだ。今後、両社の間で、相当激しい人材争奪戦が繰り広げられるだろう。

　中国では、小売業や流通業が急速に拡大してきたのは、最近10年間のことである。経験をもつ有能な販売人材のほとんどは30代。上海の大手人材企業「前程無憂」が発表した『05年賃金調査報告書』（2005年4月5日、中国大学生網を参照）をみると、上海地域では、大手百貨店のエグゼクティブ・マネージャーの月収水準は、1.5～2万元（1元は約14.5円）となっている。年末ボーナスを入れると、年収は30万元台になる。これは04年に比べると17.6％の上昇幅となった。スーパーや店舗マネージャーの月給も6,000～8,000元水準となっており、売り上げ目標達成の場合、店舗マネージャーの年収は10万元台に達する。しかし、外資系小売業となると、本社や海外から人材を調達するケースも多いので、月収10万元台、年収100万元を超えるというケースも往々にあるという具合だ。

　市場としての中国が注目される中、営業や販売人材がどれほど確保できるのかが、成功の要になってきた。中国で成功を収めたカルフールは、今、進出先の中国各都市で管理職育成コースを設け、自ら人材育成に取り組み始めた。中国では、欧米系、韓国系、台湾系、そして中国民間資本の小売業が熾烈な競争を繰り広げる流通業界、日系の流通企業もしっかりした人材戦略をもたないと、勝機をつかめられないだろう。

人材市場で注目される"海亀"

　中国では海外留学を経験してからの帰国者は、すでに17万人を超えており、海外留学経験者を創業者とするベンチャー企業も脚光を浴びている。北京のシリコンバレーといわれる中関村地域では、IT企業は1万社を数え、海外留学経験者

特集　東アジアの労使関係

が創業する企業は1割を占めるに至ったのである。また、中関村地域で創業する海外留学経験者の平均年齢は38歳で、特許取得者も4割以上いる。中関村地域の1999～2001年のデータによると、留学経験者が創業した企業の平均利益率は24.19％で、当地域ハイテク企業の平均利益率を大幅に上回っている。こうした海外留学組によるベンチャー企業はさらに増加する傾向にある。

1978年中国が改革開放に踏み切り、2003年までの25年間、世界各国に送り出した留学生の総数は、すでに70万人を超えており、その留学先は世界100カ国以上に及んでいる。中国政府人事部が発表した最新の数字（2003年年末時点）によると、そのうち、留学後に中国に帰国した者は延べ17.28万人となっている。2003年だけでも留学を経て帰国した者は約2万人となり、前年比12.3％増加である。中国では、海外留学帰国者を通常「海帰」と略して称するが、中国語では、「帰」は「亀」と同じ発音であることから、最近では、海亀のUターンする習性を重ね合わせ「海亀」と呼ばれている。

実際、上記政府発表の数字は過小評価になっているで。出版社関連の方に依頼され、一度、この海亀の数字を調べてみたことがあるが、そのときに、目に留まったのが、中国の留学帰国者の組織である「中国欧米同学会」の中で商会会長を務める王輝耀が書いた著書・『海帰時代』(中国中央編訳出版社、2005年)である。同著書は、海外にいる中国人留学生の規模、および留学を経て帰国する者の規模は、いずれも中国政府人事部の発表結果をはるかに凌駕していると推測している。

中国政府教育部（日本の文部科学省に相当）は、各国に駐在する中国大使館が提供した中国人留学生ビザ取得者数に基づき算出している。しかし、実際は海外留学のルートが多様化しているため、大使館でも実状を把握し切れていないという現実があるからだ。

留学生ビザ取得以外では以下の留学ルートもある。①海外直系親族訪問で出国、②観光やビジネスビザで出国、③技術移民などの手段で出国（たとえばカナダだけでも過去10年間で20万人の中国人技術移民を受入れ）、④ 研修生などの形で出国、⑤政府や企業の海外駐在の形で出国など。これらのルートを通じて留学となった人々は、中国政府の留学生統計には含まれていないのではないかと推測される。

これらさまざまなルートにより留学を果たした者を合計すると、「1978年改革開放後、海外で留学となった中国人は少なくとも延べ100万人規模となっている」と、『海帰時代』の著者王輝耀が述べている。留学を経て帰国する人の統計は、さらに難しい。海外留学を経て帰国した人たち、いわゆる「海亀」の統計数字も、前述の王輝耀の調べによれば、中国政府教育部が38カ国の駐在大使館にある教育担当部署が集計したデータをまとめたものであるという。

　中国人留学生の圧倒的多数を占めているのは、国から派遣される国費留学生ではなく、私費留学生だ。国が人数を把握できる国費留学生と違い、絶対多数を占める私費留学生は、自ら大使館に報告や登録などをしなければ、その統計数値にも反映されない。そのため、その後実際に留学を経て帰国した者の正確な数値に至っては、まったく反映されないといっても過言ではない。

　「海亀」だけでなく、海外に居住権や仕事をもちながら、中国でも就職の機会をうかがっている者も近年増加している。彼らは中国、海外の双方を行き来しているが、「海亀」ではなく、国境や海をまたいで行き来する「海鴎」といわれている。「海鴎」もまた、正確な統計数は存在しない。

　中国の「海亀」は、1992年に鄧小平氏が南巡講話を発表し、中国経済が高成長の軌道に乗ってから増加の一途をたどっている。駐イギリス中国大使館によると、英国に留学している中国人は7万人規模だが、英国では居住ビザ取得が難しいため、その大多数は中国帰国を選んでいる。

　王輝耀は各種の資料から、「海亀」は北京には約10万人、上海約7万人、広東省約3万人、そのほかの地域には約10〜20万人おり、全国では30〜40万人いるという。つまり前述の中国政府人事部が発表した数値、17.28万人をはるかに超えていることになる。この数字が実状にはより近いのであろう。

4. 人材戦略が問われる日系企業

現地人材に不人気な日系企業

　1980年代当初、安価な労働力を求めて日本企業は中国進出を始めたが、90年代以降、欧米企業は高度な技術と巨額の資本をもって、巨大な中国市場をにらんだ戦略型投資を展開した。日本企業は90年代から、家電や機械組立等の分野で

も進出が増加したが、基幹産業あるいは情報産業での参入は欧米企業に遅れをとっていた。一方、家電や電子など分野では、韓国と中国企業が急速に成長し、80年代、中国で一人勝ちしていた日本ブランドはかつての勢いを失った。中国の成長およびWTO加盟後の産業地図の変化に従い、日本企業にとって、今、中国の位置づけが変わろうとしている。中国はすでにコスト削減のための生産加工・組立基地だけではなく、現在では、一部の技術開発も中国に移転し、巨大な消費市場としての中国もますます注目されるようになった。

2005年の日本の対中投資総額は65億ドル超（前年比12％増）でこれまでの最高額となった。WTO加盟の公約を果たすため、中国は小売などの流通業やサービス業への外資参入規制を大幅に緩和した。今、日系各社の関心は中国国内市場に集中し、中国での統括会社設立やR＆D拠点の強化などの動きが加速している。しかし、現状では、日本企業の多くは中国市場での悪戦苦闘が強いられている。日本企業は長い間「生産拠点」としての中国に視点が集中していたが、巨大市場・中国の登場に対する準備が不足していた。逆に、中国進出後発組の韓国企業は、早い段階から戦略的に中国市場にシフトし、右肩上がりにシェアを伸ばしている。サムスンは、中国携帯電話販売上位100機種にシェアトップを実現した。

今は、中国を舞台とするグローバルな人材競争の時代である。欧米企業は、中国で相次いで研究開発拠点を設立し、博士、修士など現地の優秀頭脳を大量に確保している。日系各社も、現地で研究開発体制を整備することによって、頭脳の確保に躍起している。しかし、近年、中国では若年新中間層を中心に意識が急速に変化し、成果主義・能力主義が浸透しており、日系企業はこうした中国の変化に適応できず、人事労務のほとんどの領域で困難に直面している。

中国における韓国企業の躍進を支えている最大の理由の一つは、研究開発、生産管理とマーケティングにおける徹底した現地化経営である。対して、日系企業の現地経営トップは中国市場よりも日本国内の本社に目を向いており、経営の現地化が一向に進まない。年功を重視し、経営管理職への昇進に見えない天井がさえぎる日本企業は、現地の有能人材からそっぽを向かれている。日本企業に必要なのは、中国で勝つため人材制度の抜本的な見直しである。

日系企業におけるホワイトカラー人材の課題

　中国の外資企業の労働者は、農村出稼ぎ女子労働者をメインとするブルーカラー層と、都市部大卒ホワイトカラー層に完全に二分化されている。外資企業の経営者からみれば、最高の視力・体力と勤勉さをもつ若年ブルーカラーは無尽蔵に存在しており、彼らの雇用契約はほとんど短期間のため、雇用調整も融通無碍にできる。日本では機械設備による自動工程が、中国では女子労働者の手に任せられ、急変する市場に迅速で柔軟に対応し、工程や設備の拡張や縮小が自由にできる。無限の労働力供給は中国現地生産の優位性を実現させた大きな要因である。日本企業はブルーカラーのマネジメントには地道な QC 活動等多くのノウハウをもっているが、ホワイトカラーのマネジメント・ノウハウはそれほどないのが実状である。中国進出日系企業の人事労務の問題は、近年、ホワイトカラー層に集中して現れている。

　中国の改革・開放とは、国有企業を温存したまま、外資や民営等などの非国有企業を導入することである。経済成長のほとんどはこうした非国有セクターによって実現されたのである。外資系企業に就職するホワイトカラーは、国有企業による住宅などの保障を手放し、自分の能力をもって外部労働市場から職を得る勇気のあるチャレンジャーである。当然、彼らは知識の吸収や将来性の開拓などのチャンスを最も大切にしており、貢献と能力が報酬に直結する意識もはっきりとしているのである。

　1990年代半ばまで、中国の大学進学者は熾烈な競争を勝ち抜いたエリートであった。近年、大学定員は急拡大したとはいえ、2002年の大学進学率はまだ15％の水準である。中国は職業教育制度を導入し、大学に進学できない者になんらかの資格や技能をもたせる「職業資格制度」を打ち出している。かつての国有企業の終身雇用と年功序列を徹底的に打破するために、中国は、1995年に「労働法」を制定し、すべての労働者が企業との間に期限付きの契約を結ぶ「全員労働契約制度」を確立した。少なくとも、中国では現在、「制度的」には全労働者が契約社員であり、資格や学歴を社会横断的に評価するようになったのである。市場経済への制度転換を目指す中国は、欧米社会をモデルにすることが多く、とりわけ若年層では欧米志向が強い。

中国の外資系企業は改革・開放後に導入されたものであり、従業員のほとんどは若年層である。高収入を目指す若年ホワイトカラーは、貢献と能力が報酬に直結する人事評価、つまり彼らが脱皮したい中国の国有企業の「古い体制」とはまったく逆の欧米企業の人事制度を選好する。日本企業にみられる年功的な属人給や不明瞭な業務範囲などは、一見「中国の古い体制」と「区別がつきにくい」ため、大卒若年層ホワイトカラーに歓迎されない。これまでの日本人の研究も、日系企業で転職率が高いのは技術レベルの高い人材だと指摘するが、中国社会を理解すればその理由は一目瞭然である。

求心力のカギは内発的モチベーション

中国は、改革・開放以来、市場経済への転換という未曾有の大実験に挑むため、絶えず構造調整と制度的イノベーションを行い、大幅な制度変革を余儀なくされている。90年代以降、情報化の進展に従い、モノづくりのアーキテクチャーは大きく変化した。中国の民間企業は、海外企業との包括的戦略提携を通じて、モジュラー型生産技術を習得し、単純大量生産によって驚異的な成長を遂げてきた。中国の成長企業は、ボーナス制度、抜擢人事、ストックオプションなど、大胆な人事労務制度を次から次へと打ち出し、優秀な人材を確保し、成功を収めている。

一方、日系企業は、日本型人事労務システムに固執し、人材の現地化を怠ったため、そのツケが回ってきた。最近になって、家電製品からバイクまで中国ブランドが台頭し、伝統的な流通チャネルを生かし、全国の隅々にまで広がっている。対して、1980年代に中国で確固たる地位を確立した日本ブランドの色褪せが目立ってきている。

2002年秋に、筆者が参加した日本在外企業協会の中国労働事情調査プロジェクトでは、北京、上海、深圳、重慶、大連の5都市20社近くの日系企業に勤務する35歳以下現地ホワイトカラー（合計211人）を対象にアンケート調査を実施した。この調査結果からも新中間層の旺盛な上昇志向を強く感じる。彼らが職業選択において最も重視しているのは、「自分の技術・知識の習得」、「能力を生かすこと」、「高収入が得られること」、「先行きの展望が開けること」である。同じ項目で、現在勤めている日系企業での満足度を聞いたが、全体的に期待値より半

表3 理想と現実のギャップ（％）

＜現実＞ 勤務先日系企業での満足度	項目 （右は現実と理想のギャップの値）		＜理想＞ 職業選択で重視すること
45.5	新技術・知識習得の機会	（−52.6）	98.1
50.7	能力・持ち味を生かす	（−45.9）	96.6
41.9	高い収入を得られる	（−53.3）	95.2
22.7	先行きの展望が描ける	（−68.8）	91.5
37.7	責任・権限・業績評価が明白	（−49.1）	86.8
30.8	チャレンジング・面白い	（−53.5）	84.3
41.0	社会に役立つ実感	（−31.3）	72.3
63.6	雇用の安定	（＋5.3）	58.3
47.7	少ない拘束時間・多い休日	（＋12.4）	35.3

出所）日系企業新世代中国人大卒ホワイトカラー調査、日本在外企業協会、2002年9月。
　　（数値は「大変満足」と「やや満足」の合計）。

分も落ちている。「休日や拘束時間」および「雇用の安定」についての満足度は高いが、「仕事のチャレンジング性・面白さ」、そして「責任・権限や業績評価の明確さ」に対してはほとんどが不満を抱いている。「先行きの展望」について特に期待との落差が大きい（**表3**）。同調査では「将来のキャリア設計」についても尋ねたが、最も多い回答は、「自他ともに求める実力人間になる」ことで、回答者の半数を占めている。

　現地ヒヤリング調査の際、中国人ホワイトカラーから何度も「発展の空間」という言葉を聞かされた。つまり、中国の新中間層が最も望んでいるのは、能力開発や人間の成長、キャリア人生の先行きの展望など「発展のチャンス（空間）」である。知的競争力が重視される今日、人材マネジメントの分野では、行動心理学から導入された「内発的なモチベーション」の考え方が注目されるようになった。人材にとって、外から与えられたモチベーションよりも、心理的な興奮や達成感、またはチャレンジの過程や機会などが、組織へのコミットメントおよび創造性をもたらす源泉である。日系企業に勤める現地人材が夢を感じないことは、彼らの内発的なモチベーションが損なわれている証しである。日系企業の人材に対する魅力度低下の最大要因はそこにある。

欧米企業の人材戦略

1) 採用、育成から昇進までのトータルな人材戦略

　欧米の多国籍企業における経営の現地化は日本企業より進んでいるため、現地人材から良い評価を得ている。北京にあるスイスのABB社の中国統括会社は、中国全土から優秀な人材を採用し教育した上で、各地の事業マネージャーとして派遣し、現地中国人従業員を指導・管理する体制を整えている。そして、こうした現地のマネジメント人材が、中国各地での事業に配置転換されながら、昇進していく仕組みも確立した（2000年の現地ヒヤリング調査）。ABB社のように、欧米企業は往々にして人材の採用、育成から昇進まで、進出先の国におけるトータルな人材戦略を構築している。逆に、日本企業はトータルな中国戦略がないまま、各事業所によるばらばらな中国進出のため、これまでは、中国における全社的人材戦略もほとんど欠如している。

2) 企業ブランドに対する人材のコミットメント

　欧米企業は、一流大学における企業名義奨学金の設立や、大学内における講座やシンポジウムおよびコンサルティングの開催、さらにネット上での応募者履歴の大量確保等のあらゆる手段を尽くして、人材確保に努めている。中国最大の人材市場といわれる上海人材市場でのヒヤリング調査で伺った話だが、欧米企業の場合、人材募集とブランドのPRキャンペーンが往々にして表裏一体であり、その結果、欧米企業は個人の能力を大切にするという社会通念を形成させた。

　中国市場を志向する多国籍企業にとって顧客ブランド価値の重要性はいうまでもない。現地社員の自社ブランドへのコミットメント（誇り・愛着）は、同ブランドに対する現地顧客のロイヤリティーと同一方向にある。日本企業の人材戦略の欠如は、日本企業のブランド・イメージの低下にもつながりかねない。日系企業に対する現地社員の内面的なコミットメントが低いことが改善されない限り、中国の人材競争の趨勢をみると、日本企業にとって、欧米でかつて経験したホワイトカラー人材マネジメントの問題が、中国でより先鋭的な形で現れることは必至であろう。

現地の有能人材のトップマネジメントへの昇進

　2003年から、松下電器産業は、成績が下位5％の社員の退職を促す、いわゆる「5％ルール」と呼ばれる中国企業の雇用慣行を、中国の松下子会社に導入した。松下の中国子会社はこれまで日本型人事制度を重視していたが、現地企業との競争が激しくなる中、中国市場で生き残るために、信賞必罰の仕組みに移行した。松下電器産業は、中国での変革を、海外子会社の人事雇用制度の全面的な見直しのきっかけとして位置づけている。

　北京にある松下の子会社に2002年の秋にヒヤリング調査を実施した。この会社は、北京に進出して15周年を迎えたが、家電・電器業界におけるローカル企業の躍進によって経営がますます厳しくなっていた。そんなときに、中国側人事部長の進言で、中国の最も躍進している家電メーカー・ハイアール（海爾）を手本に、社内人材の活性化に挑んだ。

　この会社の中国側人事部長は、1年間通っていた北京のある大学のMBAコースの最後に、2週間のハイアール（海爾）の現場実習に参加した。海爾は、社内人材を競わせ、成果で評価することに最も得意な中国企業である。その人材戦略には「公正な競争、適材適所な配置、合理的な流動性」という三原則が貫かれており、実力のある社員を抜擢し重責を与えている。海爾から人事部長が学んだことの一つは「管理職の社内公募」であった。

　人事部長は、会社に復帰後、「人事部」の呼称を「人的資源部」と変え、日中双方の経営陣を説得して、競争メカニズムの導入に着手した。最初は、係長ポストの公募制を打ち出したが、その成功を踏まえて、今は、課長までこの公募制を広げようとしている。従来、この会社では、管理職は会社からの任命制であったが、公募制に変えることによって、職場や学歴、戸籍、年齢など壁が取り払われ、社員のやる気を引き出した。最初のわずか6ポストの公募に対して実に70名の応募が殺到したのである。この社内人材市場の発想は、社内人材の活性化という大きな成果を収めて成功した。

　人材マネジメントにおいて、モチベーション以外に重要なのはリーダシップである。この事例は、変革をもたらすリーダーの重要性を端的に表している。良いリーダーは、本社中心主義的な権威主義管理を打ち破る破壊者であると同時に、

現地に適応した知識やアイディアの創造者でなければならない。ハイアールでは、成果のあるリーダーへの最大な成功報酬として序列を無視した抜擢人事を敢行している。北京松下も、公募制で選ばれたリーダーの成果をどう評価するかが今後のポイントであろう。

中国人ホワイトカラーは機会があれば、すぐ日系企業から欧米企業へ転職し、企業への帰属意識が薄いと現地日本側経営者によくいわれるが、この会社の中国側人事部長は、逆の視点からこの問題をみていた。「欧米企業にはみられる本社役員までの外国人登用がほとんどない日本企業が、現地エリート社員に帰属意識を期待すること自体がおかしい」と、彼は指摘している。ショッキングな指摘かもしれないが、なかなか的を射た発言である。

現に、松下電器産業は、海外で優秀な人材を確保するために、すでに、世界各地にいる現地法人幹部を役職付けして、権限と責任を明確化するとともに、国境を越えた移動を促す制度を設けるようになったのである。トヨタ、ソニー、東レなどは、海外子会社の優秀な外国人役員を本社役員に抜擢した。日本企業の人材戦略は、日本国内にとどまらずグローバルに広がる傾向が現れつつある。国籍の壁を乗り越えた普遍的な人材マネジメントができなければ、グローバル競争の中で生き残れないだけでなく、中国でも大きな痛手を蒙ることになると認識すべきであろう。

人材のキーワードは「センス」

深圳や広州を中心に、南中国の珠江デルタ地域は加工貿易が盛んで、中国の高成長のエンジンの一つとなっている。香港に近いがゆえに、ここに進出した日本のメーカーは、ひと昔前、香港人の管理スタッフを採用し、同じ中国人としての香港人が中国本土の労働者を管理するという管理方式が採用していた。現在では、日本語を修得した中国人スタッフが増加し、また、日本人も中国語の習得に励み、かつてよりコミュニケーションの障壁は少なくなったにもかかわらず、管理スタッフとして採用される香港人は今も少なくない。深圳の郊外にあるプラスチック製品を扱う日系企業を訪れた際、現場の管理監督を担う香港人に直接、話を伺ったことがある。

香港社会では、アングロサクソン型の考え方が浸透し、優秀であればあるほど転職のチャンスを狙い、転職を自分のキャリアや収入を向上させるための手段として捉える傾向がある。彼には、まず「もっと良いチャンスがあれば、転職を考えるか」と聞いてみた。彼はそう長く考えず、「そういうチャンスがあれば、正直にいって、考えないこともない」と素直に認めた。しかし、「賃金ももちろん重要だが、自己実現ができるかどうかが仕事選びの最も重要な決め手であり、今の会社は、重要な仕事を任せてくれているので、自分もそれを極めて大事にしている」と、現在のところ転職を考えていない理由を説明してくれた。

　深圳と香港は細い河一本で分かれるが隣同士の町だが、給料体系は完全に異なる。香港籍の管理者を雇えば、企業にとって人件費コストがかなり高くつく。それなのに、日系企業があえて香港からわざわざ管理スタッフを導入するメリットはどこにあるか。今後、成長する中国本土の現地の大卒ホワイトカラーは、香港から来た人材にとって変わることがないのであろうか。

　この香港人に「中国本土の大卒ホワイトカラーに比べて、自分のアドバンテージがどこにあるか。現地人材に追い上げられる心配はないか」とストレートにぶつけてみた。彼自身は現地の人材に追い上げられることをさほど心配していない。その理由は、ローカルスタッフと香港から来た管理職の間には「センスの差がある」という。その「センス」とは、彼の説明によれば、「仕事のセンス」、「協調をとるセンス」および「問題解決のセンス」、である。特に、管理者として問題が起きた場合に、その原因を突き止め、さらに解決方法を見出すセンスが極めて重要であると彼は力説した。

　しかし、ローカルスタッフは、まだこのような力が不足している。彼がいうには、現場のスタッフや労働者の多くは、自分のもつ情報や技術を公開することを拒んでいた。このような雰囲気を変えるために、彼は従業員を招集し、それぞれかかえている問題をみんなの前で話させるように努めた。現場スタッフはお互いに遠慮しがちで、問題をかかえていても語らない傾向があった。しかし、彼はあえて「悪人役」に徹し、「情報公開」という制度を現場に定着させたのである。

　実際、この香港人は、幼小時代を広東省内で過ごし、高校のときに香港に移民し、その後、香港の大学を出て、今は、故里にUターンしただけである。しかし、彼

の話を聞いているうちに、香港という徹底した市場経済社会で得た教育、生活と仕事経験は、内陸で育った同世代の者にはない「センス」を彼に身に付けさせたのであろうと思った。彼がいう「センス」は、我々が人材選別を行う際においても、極めて重要なポイントだと思った。

　2、3年前に、別の日系企業で現場ヒヤリングをした際に、同じくこの「センス」という言葉に出くわしたことがある。場所は、北中国の大連である。その社は、大連に進出した住宅整備器具部品の製造会社であり、中国に生産基地を移転することによって確実に収益を上げている。現地スタッフは日本語に長けており、技術面のレベルアップも急速であり、現地生産の品質はすでに日本に遜色のない水準に達している。こうした職場は、日本では3Kに近く、若者に敬遠され、給料水準からみて日本で生産を継続するにはすでに採算が合わず、中国への生産移転は賢明な戦略であろう。

　そこで、一層のコスト削減を考えて、設計の工程まで中国に移転したらどうかと、現地日本人社長に聞いてみた。「そこまでには、まだ到達していない」と社長がいう。その理由を聞くと、現地中国人の技術レベルはすでに相当のレベルにきているが、問題は、「生活センス」がまだ足りない。何が「生活のセンス」かというと、つまり、中国では最近になって、ようやくマイハウスやマイカーが普及し始めるようになったが、大連のような経済発展が進んだ都市でも、裕福層を除き、日本のようなバスルームやトイレ、システムキッチンになじみがある人がまだ数が多くない。日常生活に伴うこうした製品への実感が薄い分、感性が十分に磨かれていないのだ。そういう事情があるため、日本人社長がいうには、現地技術者の知恵や能力は、日本人のそれと比べそれほど劣っていないが、デザインや開発まで任せるにはまだ時間がかかる、というのである。

　同じ大連市で、別の医療や健康の電子機器を製造販売している現地会社において、また「センス」という言葉に出くわした。こちらの会社の日本人社長は非常に明確な経営理念をもち、考え方も実にグローバルであった。「将来は、副社長以下すべての管理職を中国人にしたい」という気持ちで現地化を一生懸命に進めている。その基礎作りとして、この会社が今、最も力を注いでいるのは、人材育成であった。この会社は、とりわけ小さなグループによる活動を通じて人材育成

に取り組んでおり、その成果も並大抵ではない。接客室の壁は、数多くの技術コンテストでの優勝や中国政府や日本本社からの表彰状で埋め尽くされていた。

　この会社は、すでに、上海や北京で8カ所の営業拠点を作り、さらに上海にマーケティングの拠点を設立し、中国現地で市場調査をスタートし、中国での販売体制の強化に乗り出していた。しかし、日本人社長がいうには、日本で研究開発をすると、商品は日本向けになってしまい、中国人には買ってもらえない。そのためには、中国で研究開発をするのは必要不可欠である。2、3年前から現地での研究開発を念頭に入れて、意識的に人材を育成してきた。近いうちに、現地での研究開発をスタートさせようとしているところであり、中国国内メーカーとの共同開発も考えている、ということであった。

　そこで、今、研究開発体制をスタートさせるには、現地スタッフがその任に堪えられるかと聞いてみた。「現地人スタッフは頭が良く、決して日本のレベルに劣っていない」と社長は答えた。しかし、問題はある。それは「彼らがまだ知的所有権の遵守などのセンスが十分に培われていないからだ」と社長がいう。賢いがゆえにサンプルを見て、すぐ模倣品を作ってしまう。しかし、知的所有権などに抵触する場合、会社に大きな問題を及ぼしかねない。そのため、まずは、法や

（ピラミッド図：上から）
- 問題解決のセンス
- 協調性のセンス
- 仕事のセンス
- 生活のセンス
- 法律遵守のセンス

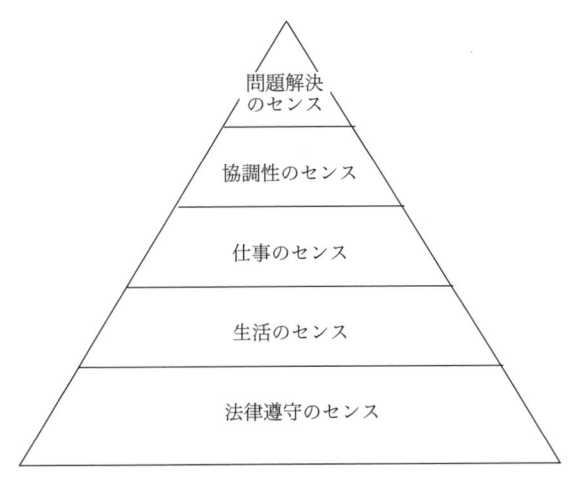

図2　人材の「センス」

ルールを遵守する「センス」を身に付けてもらわないといけないのだ。

　この会社は「魅力のある会社、社員にビジョンや夢を与える会社」を作ることを経営理念として据え、日本的な年功序列とは完全に決別し、有能な若い人材をどんどん抜擢し、中堅層として育てており、すでに29歳の課長代理が誕生していた。従業員に対して、入社後には、3カ月から1年をかけて徹底的に教育を行い、管理者スタッフに対しては人事労務関連の研修もさせていた。

　上記の訪問先の各日系企業経営者が語る「センス」とは、人材の知性と感性の集合として理解できよう。「センス」の有無や良し悪しは、その人の仕事ぶりに多大な影響を与えているのである。「センス」とは、目には見えないものだが、しかし、個々人の内なる「文化資本」であり、暗黙知である。一人の立派な人材としては、法律遵守といった基本的なマナーやセンスはもちろんのことだが、それだけでは不十分で、良い商品を生産し、それをみんなに買ってもらえるためには、近代的なライフスタイルを理解する「生活のセンス」も必要である。さらに仕事の「センス」やコミュニケーションがとれる協調性の「センス」も重要であろう。マネジメントができるような人材になれば、今度は、問題を発見し、それを解決するため「問題解決」の「センス」も必要であろう。

　深圳や大連のような町では、経済発展が急速であり、立派なバスルームがついているマイホームを購入した人が年々拡大している。現地のデパートでも、日本の市場に遜色のない水回りの商品が所狭しと並べられるようになった。近代的なライフスタイルの「センス」を身に付けた中国の若年中間層が急速に成長している。知的所有権の意識もかつてに比べるとだいぶ普及している。ところで、仕事のセンスや、協調をとるためのセンス、とりわけ問題解決のセンスは一朝一夕で培われるものではなかろう。

　そこで一つ注目すべきなのは、現在、日本国内に数多くいる中国本土からの留学生や元留学生である。彼らの中には、日本での留学や仕事を通じて語学や専門知識を習得しているだけでなく、日本の企業に勤めるには必要な「センス」（感性や知性）を身に付けている者も少なくない。こうした「センス」のある人材は、中国戦略を考える日本企業にとって身近にあるダイヤの原石のような存在であるが、有象無象の中から彼らを見出す手だてがほとんどないのが実情であろう。

日本企業は、成長する中国ビジネスのために、最適な人材を求めている。一方、人材も才能を開花させてくれる最適な場所を捜し求めている。今後、日中双方において、日中ビジネスに携わることのできる優秀な人材のネットワークを築き、企業と人材双方からのニーズに応えて、最適なマッチングをができれば、企業や人材双方にハッピーになってもらうだけでなく、日中両国にとっても大きな社会貢献になるであろう。

「中国の人材が安い」という幻想を捨てるべき

「中国は人口が多く、それに比例して優秀な人材も多い。人件費にかかるコストは先進国より安いため、優秀な人材も安く大量に確保できるに決まっている」。おそらく日本企業の多くの方は、多かれ少なかれこのようなイメージを抱いているであろう。しかし、実情は必ずしもそう単純ではないようだ。

Newsweek に、中国で経営者が不足しているとの記事が掲載された。経済が急成長を続けている中国では、市場が高度化、複雑化している。にもかかわらず、優秀な経営者が圧倒的に不足しているという内容である。なかに、コンサルティング会社マッキンゼーが試算した数字が取り上げられているが、それによると、中国が今後もこのままの経済成長を遂げるとすると、75,000人の経営人材が必要になる。しかし、現状ではそうした人材は5,000人程度しかいないのだ（*Newaweek,* August 29, 2005 を参照）。

マッキンゼーのほかの報告の指摘によると、経営人材だけでなく、ほかのハイレベル人材も中国で全体的に不足している（『北京晨報』2005年11月17日）。たとえば、中国の今年度の大学新卒者は310万人、米国の倍以上の数字である。しかし、年々拡大している大卒者の数に比較して、高度な専門知識を必要とする専門職人材は非常に不足している。海外進出企業が求める外国語能力や専門知識を習得している者は、新卒者の10％にも満たないと指摘されている。

以上のデータをみても分かるように、優秀人材がかなりの供給不足に陥っているのは、むしろ中国の実情だ。確かに中国の人口は多い。近年、大学教育のマス化が進み、大卒者も急激に増えている。しかし、市場経済の歴史はまだ浅いため、外国語能力、経営能力、あるいは専門知識も備えた人材の大量な育成にはまだ時

間がかかる。そういう意味では、中国の人材市場の実態として、複雑で高度な仕事に対応できる人材は、むしろひと握りであり、大多数の大卒者は、ルーチンワークしかこなせない一般的な人材である。つまり「ひと握りの優秀人材」VS.「数多くの一般的な人材」という構図になっているのだ。

　当然だが、稀少な人材は、その稀少価値のゆえに価格も決して安くはない。人材市場では、「ひと握りの優秀人材」は、その他の「数多くの一般的な人材」との間に大きな価格差を生んでいることも不思議ではない。中国市場の成長性を狙い、欧米だけでなく韓国や他のアジアの企業進出もまだまだ続いている。海外進出企業はひと握りの優秀な人材の獲得にしのぎを削り、人材獲得競争は激しさを増す一方である。そういう意味では、中国で優秀な人材を確保したいなら、安易な考え方はむしろ禁物であろう。

戦略的人材マネジメントの構築

　情報化時代では、人材こそが企業の最重要な無形資産であり、有能な人材をひきつけ、彼らから最大の価値を引き出すことこそ、企業競争力の根源である。中国進出日系企業は、単純な生産移転から、より深い知識を必要とする研究開発やマーケティングまで事業を拡大するにつれて、人材戦略の発想転換も迫られている。中国日系企業の最大の経営課題は、依然として人事労務問題である。日系企業が今、中国で必要としているのは戦略的人材マネジメントの構築である。つまり、戦略的な角度から人材マネジメントを考え、一流人材を確保し、進出先での競争力を向上させることである。

　中国における日本企業の戦略的人材マネジメントのキーワードは、モチベーションを最大限に引き出すことである。具体的な施策として、権限賦与と責任の明確化、公正かつ透明な評価制度、組織の目標達成と個人業績評価のリンク、それに相応する報酬体系や昇進昇給などのインセンティブ・メカニズムの確立、エリート人材の発見と育成、マネジメントの現地化と分権化等が挙げられる。

　日本企業は、状況ごとに場当たり的に対応し、それらの結果を積み上げていく思考方式は得意だが、グランド・デザイン、すなわち戦略づくりには弱いと指摘されている。今日、多国籍企業の競争戦略の流れをみると、世界中に分散する知

識をフル に活用するネットワーク・モデルにシフトしつつあるが、日本の多国籍企業の多くは、依然として本国の優位性をベースに経営を行っている。市場も技術開発も現地にシフトする中、本国の優位性のみを前提とする「本社依存型経営」は、大きな機会損失を蒙ることとなる。企業の経営活動のグローバル化が進む今日、海外における人材戦略の課題は、基本的に国内本社の人的資源管理の革新と同じ方向にある。日本の多国籍企業における戦略的人材マネジメントの到達点は、国境の壁が取り払われた、グローバルにおける適材適所的な人材活用であろう。

中国における日系企業は、単純な生産移転から、より深い知識や能力を必要とする開発やマーケティングにまで事業を展開するにつれて、人材戦略における発想転換も迫られるであろう。これまではタスク処理型人材で十分だったが、今後は「考える」人材の育成や発掘に転換しなければならない。このような変化に直面して、日本企業は文化や慣行の相違による思考様式の違いに対する理解を深める必要がある。軌道に沿って走るという電車式思考様式の日本では、物事はルールに乗って進められ、製品および技術面のイノベーションが重視されているが、一方、雇用・人事におけるイノベーションが足りず、外国の優秀人材をうまく活用することができない一面もある。

中国の場合は、改革・開放以来、市場経済への転換という未曾有の大実験に挑むため、絶えず構造調整と制度的イノベーションを行い、大幅な制度変革を余儀なくされている。そうした中で中国は自転車式な思考様式が随所にみられ、つまりレールがない自転車のように、随時に方向と経路を変え、調整しながらスピードをアップしバランスを図っている。中国の成長企業は、ボーナス制度、抜擢人事、ストックオプションなどを利用することによって人材を確保し、成功を収めたのである。日本企業は、中国進出を成功させるためには、こうした思考様式の相違を理解し、相互学習によって、シナジー効果を求めるべきである。

＊本論の一部は、『チャイナ・シフトの人的資源管理』(白木三秀編著、白桃書房、2005年)、『現地化する中国進出日本企業』(関満博・範建亭編、新評論、2003年)および「日経ネット・動感中国在線」などに収録された筆者のこれまでの原稿の添削や再編集によって構成されている。

韓国労使関係の第二分水嶺
―― IMF 危機以降の経済構造変化と労使関係再編 ――

金　鎔基
(小樽商科大学)

1. はじめに：グローバリゼーションと労使関係モデル

　1997年末に韓国を襲った IMF 経済危機は、労使関係の展開においても重大な曲がり角となったように見える。一つは、経済環境が一変したことによって、労使関係によって処理されるべき問題の性質が変わったことである。二つ目は、そうした変化に対応するため、労使関係の制度的枠組みも大きく変わりつつあることである。危機以前の労使関係に主に問われていたのは、高度経済成長を前提にしつつ経済的分配や労働権の拡大をどこまで進めるかという、比較的単純で明瞭な問題であった。労働組合運動は敵対的な法的・政治的環境に苦しめられてはいたが、その戦略的選択肢は比較的単純で、経済的分配を掲げる戦闘的戦略の有効性は疑うべくもなかった。

　しかし IMF 経済危機を境に、それまでグローバリゼーションに乗っかって成長をつづけてきた韓国経済に異変が生じた。金融面の危機は比較的短期間で過ぎ去ったが、実物経済の変調はそのまま構造化された。長期経済成長率の低下に加え、グローバリゼーションに乗っかって成長する部門と立ち後れる部門の落差が大きく開き、貧富格差の拡大や労働市場の二極化傾向が浮き彫りになっている。未組織低賃金労働者層の増大に伴い、大企業の正規従業員層を中心とする労働組合はもはや社会的弱者代表とは見られなくなり、アイデンティティ・クライシスに直面している。その上、高齢化や少子化など社会の成熟化に伴う諸問題が一気に表面化し、形成途上の福祉システムはまだ完成を見ないうちに崩壊を予告されつつある。先進国で順を追って出てきた諸問題が短期間に圧縮され一挙に吹き出した格好である。

特集　東アジアの労使関係

　先進各国は1970、80年代にかけて韓国よりひと足先に高成長から低成長へ移行しており、その経験は韓国の新たな問題状況を理解する上でよい参考となる。各国の対応はそれぞれの労使関係的伝統によって異なるが、大まかに類型化すれば次の三つほどが考えられる。まず英米型の新自由主義的対応は市場原理を全面に出して経済に活力を呼び戻す衝撃療法として注目されてきたが、一方で労働組合の弱体化や未組織低賃金層の増大を促す傾向がある。それに対しコーポラティズム的対応のとられた北欧やドイツのような所では、経済成長率が低く失業率が高い反面、労働組合の地位は比較的安定している。企業レベルの協力や調整を中心とする日本型はその中間に位置づけられよう。

　国際比較研究の成果を踏まえて考えれば、グローバリゼーションの進んだ現段階において、福祉や雇用の質を優先するあまり産業競争力を損なうような戦略は、産業の衰退や雇用喪失につながる可能性が高く得策とはいえない。また産業競争力に直結する労使協力や柔軟性の確保にはミクロ・レベルの協調が重要である。伝統的に中央集権的労使関係のところでも団体交渉単位が分散化していく傾向が見られることや、職場における対立的労使関係が一般的な米国において労使協調をめざす運動が盛んなのはその証左にほかならない[1]。一方、ミクロ協調の典型、日本では逆に、労働組合がマクロ政策への発言力をいかに強めていくかと腐心している。労働市場や福祉に関わる近年の変化は、その多くが社会全体の視点に立つ調整や合意形成を必要としており、ミクロ協調だけでは対応できない。「経済の政治化」の進むゆえんである[2]。その辺で労働組合が発言力を持たなければ、新自由主義的対応に見られるようにその衰退を加速させられる結果になりかねない。

　再び韓国に目を転じよう。1987年の民主化から経済危機に至る10年間、労使関係のあり方をめぐる諸勢力間の攻防は、対立か協調かを争いつつも、企業別労組ベースの分散的構造を変えるものではなかった。頻繁な労政紛争つまり労働運動側と政府側の衝突は、労働運動の階級的連帯を絶えずシンボライズしてきた。しかしそれを組織的求心力形成につなげようとする動きは、最初は政策的抑圧によって、後には大企業の労務管理や組織労働者の実利主義的行動によって妨げられてきた。

一方、経済危機以降はいくつか重要な変化が注目される。一つは労使政委員会の設置に見られる政府政策の変化で、労働組合の全国代表をマクロ政策形成に参加させる政策方向が出てきたことである。労働組合の企業を越える結集を抑圧してきた過去の政策から打って変わり、逆に企業を越える労働団体の役割強化を政策的に促している格好である。もう一つは労働組合側の動きで、企業別労組から産業別労組へと組織再編が進みつつあることである。労働組合という大衆組織において一度固まった組織形態を変えることは簡単ではない。日本の労働運動においても一時産業別労組化を掲げながら、かけ声倒れに終わった歴史がある。こうした大変化の背後には、それを促したよほどの事情があるに違いない。そして前記いずれの変化も、労使関係の分散的構造を是正しつつコーポラティズム的要素を追加する方向を指し示している。以下ではその具体的プロセスに立ち入り、変化に関わる諸要因を吟味してみよう。

2. 雇用なき成長と雇用の二極化

(1) 経済の減速

　韓国経済は1997年末のウォン暴落から深刻な外貨流動性不足におちいり、IMFの緊急融資やそのガイドラインにそった厳しい構造改革を余儀なくされた。当時のIMF側は危機の原因を、グローバル・スタンダードを無視した韓国経済の不透明な規制体質にあるとし、国際的資本の流れを呼び戻すには一層の規制緩和が必要との立場であった。この辺の議論に立ち入る余裕はないが、後にIMF関係者も認めたように、危機の直接原因は過度な規制ではなく適切な規制の欠如、つまり金融グローバリゼーションの進行にあわせた適切な規制手段の開発を怠った政策的ミスにあるといわねばならない。[3] 原因はともあれ、この危機が実物経済に残した爪痕は深い。類似の危機を経験したアジアの他国に比べ韓国経済の回復スピードはかなり速かった。1998年、-6.9%にまで落ちたGDP成長率は翌年の1999年は9.5%、2000年は8.5%とV字型の回復を見せ、2001年にはIMF管理を解かれるまでとなった。とはいえ、かつてのような高度成長が戻ったわけではない。懸念材料は大きく二つある。一つは経済成長率の低下、もう一つは、経済成長が雇用状況の改善に結びつかない、いわば雇用なき成長と、それによってもた

らされる経済格差の拡大である。

　まず、成長力低下の問題を考えよう。2001年以降のGDP成長率は4％前後で、危機以前の90年代前半と比べ2〜3％ほどダウンしている。この問題をめぐって韓国では、脱工業化論の視点から製造業の空洞化を懸念する声が上がっており、労使政の三者で作る労使政委員会において製造業発展特別委員会が設置されるほどである（2005年5月）[4]。欧米先進国の経験でいうと、一般に1970年代の石油危機以前は、製造業の早い生産性上昇が長期の高度成長を支えたが、それ以降は製造業の拠点が海外に移転し、生産性上昇速度の遅いサービス業が経済成長を主導するようになり、低成長段階に移行したとされる[5]。長期的に見て韓国経済も類似の曲がり角にさしかかったのは確かである。GDPや雇用に占める製造業のウェートは1980年代末まで増加しつづけたが、それ以降は減少傾向に転じた。1990年代には製造業の海外移転、労働集約的産業の衰退が急速に進んだ。

　しかしいくつかの実証研究によれば、製造業の空洞化は全体として懸念されているほどは進んでいない[6]。雇用面で製造業のウェート減少は明確だが、GDPに占める付加価値ウェートはそれほど低下していないし、経済危機以降はむしろ持ち直す傾向さえ見せている。特に電器、自動車、機械など輸出ウェートの高い産業は好調であり、一部産業の衰退や海外移転を顧慮しても、経済グローバル化の影響は、製造業全体としてはプラスであると報告されている[7]。つまり工業化の初期段階のような高度成長こそなくなったが、製造業に牽引される持続的成長というパターンは保たれている。心配されるべきは成長率の低さではなく、雇用なき成長の方であろう。

(2) 雇用なき成長

　図1は賃金所得格差の長期動向を示している。民主化や労働者大闘争の年である1987年以降の格差縮小傾向、経済危機勃発の1997年前後からの格差拡大傾向、以上二つのトレンド変化に注目してもらいたい。1987年以前は、低い労働分配率の下、賃金労働者内部においても高学歴のホワイトカラーと低学歴のブルーカラーの学歴間、職種間格差が大きかった。1987年以降、労働運動の圧力を背景に労働分配率の上昇、企業内の職種間、学歴間格差の縮小が進み、格差は全体と

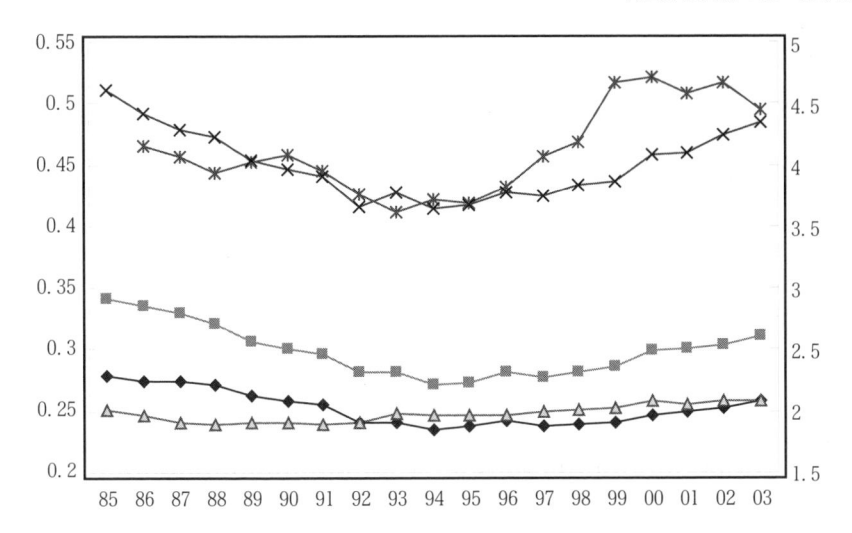

図1　賃金所得分配の不平等指数と非正規職比率の推移

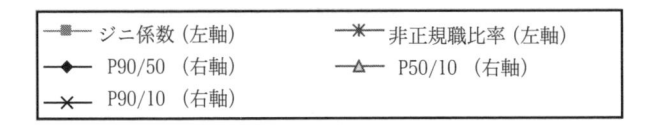

凡例：
- ジニ係数（左軸）
- 非正規職比率（左軸）
- P90/50（右軸）
- P50/10（右軸）
- P90/10（右軸）

出所）『2005 KLI労働統計』から作成。

して縮小に向かった。一方、経済危機後の格差拡大には次のような要因が働いたと考えられる。

　第一に、失業者と貧困層が増えたことである。貧困世帯の比率は1996年9.9％から2000年16.2％に上昇した。[8] 図1の所得比率の推移も示唆的である。以前はP90/P50、つまり上位層と中位層間の格差が、P50/P10、つまり中位層と下位層間の格差より大きかったが、経済危機後はP50/P10の方が相対的に大きく、下位層の相対的所得低下を示唆している。図2で見るように、経済危機直後に跳ね上がった失業率は3年後4％以下におさまり、比較的早い改善といえる。しかし一度下落した就業人口比率（就業者数／15歳以上人口）の回復は遅れ気味であり、職探しを断念し失業統計から姿を消した潜在失業の存在を示唆する。特に男性の就業人口比率の回復が女性のそれより遅れていることに注意してもらいたい。後にも

特集　東アジアの労使関係

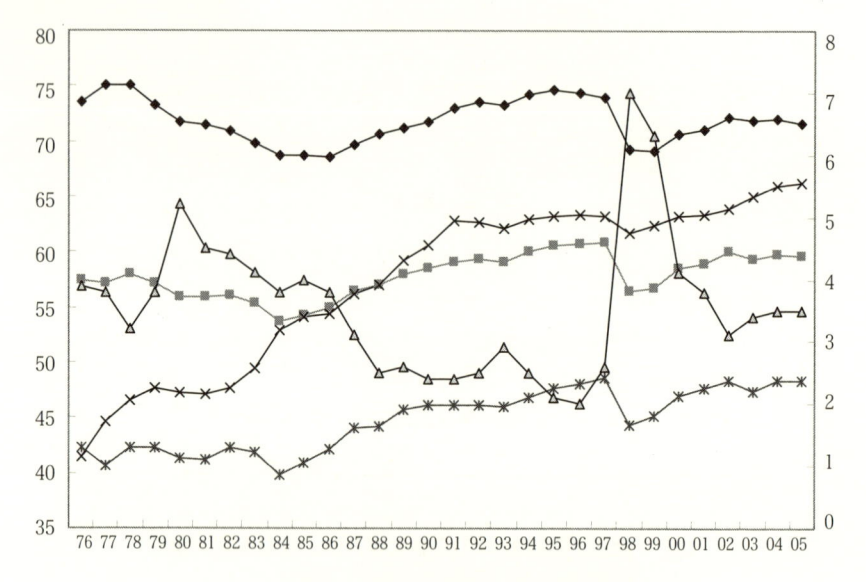

図2　就業人口比率と失業率の推移

凡例：
- ■ 就業人口比率（＝就業人口／15歳以上人口）
- ◆ 就業人口比率（男）
- ＊ 就業人口比率（女）
- × 雇用労働者率（＝雇用労働者／就業人口）
- △ 失業率（右軸）

出所）『2005 KLI労働統計』から作成。

ふれるが、それは男性中心の正規職が減り女性中心の非正規職が増えてきたことと関係がある。

第二に、いわばgood jobといえる大企業の正規職雇用が減少したことである。大企業の正規職のウェートは1998年27％から2002年25％へ減少したと報告されている。すでに述べたように、韓国経済の成長をリードしているのは輸出産業を中心とする製造業の大企業である。しかし雇用面で見ると、雇用増加の中心はサービス業であり、製造業では中小企業で若干増加した分を大企業での減少が打ち消す格好となっている。大企業の雇用なき成長は、一方で高い生産性上昇によって、もう一方で正規職雇用をダウンサイジングしつつ構内下請雇用やアウトソー

シングを増やす戦略によって達成されている。労働者大闘争以降、企業別労働組合の賃上げ圧力を背景に、支払い能力のある大企業と中小企業の賃金格差は広げられた。正規従業員の高賃金や安定雇用を前提にせざるをえなくなった大企業にとって、周辺労働力を活用する戦略は低賃金や雇用管理の量的柔軟性確保というメリットがある。経済危機はそうした傾向を一気に加速させる契機となった。一つ、経済危機は、企業の合併や分割、整理、公共部門の民営化など経営体の存続を問う大変動をもたらし、安泰に見えた大企業の内部労働市場も整理解雇や希望退職の嵐にさらされた。非正規職雇用に関する法的規制もこの嵐の中でゆるめられた。またコーポレート・ガバナンスが株主重視の方向にシフトしたのも注目される(11)。それは、国際金融資本の存在感が強まったことや、国内で財閥経営に対する批判が高まったことによって起きた変化だが、経営行動面では短期の業績やスピードが以前より重視されるようになったことを意味する。その直接の効果は管理職やホワイトカラー職場を中心に成果主義管理や早期退職など、内部労働市場の安定性より競争的ダイナミズムを追求する風土が普及したことである。ビッグユニオンに守られた高賃金・安定雇用の職場は依然と韓国労働市場の中核を構成しているが、その割合はかなり縮小されている。

　第三に、大企業と中小企業の賃金格差が大きくなっていることである。すでに述べたように、あらゆる賃金格差が縮小に向かった労働者大闘争以降の時期に、企業規模別賃金格差だけは増加傾向にあった。ただしその時の格差拡大は、それ以前の格差が少なすぎたこと、つまり大企業の賃金が高い生産性を反映せず低く抑えられていたことに対する反動とも解釈できる。賃金格差は経済危機を境にさらに拡大されつつあるが、近年の格差拡大は生産性格差の拡大を反映しており、中小企業の立ち後れがここで問題となる(12)。大企業向けの中間財や部品供給において海外調達の割合が高まっているのも、国内中小企業の国際競争力低下を示唆している(13)。ちなみに、中小企業問題は韓国経済にはなじみのある古くからのテーマであることを指摘しておきたい。

(3) 非正規職問題

　格差拡大をもたらす第四の要因として、ここでは、近年労働界の争点となって

いる非正規職問題を紹介しておきたい。**図1**で見るように、非正規職の割合は労働者大闘争以降減少し経済危機の直前から増加に転じており、賃金所得格差と同じ方向の動きを示している。また5割超という数値は国際的に飛び抜けており、社会の反響も大きかった。ただし後にふれるが、この統計数値は国際比較用としては適切ではない。

　非正規職の定義や規模をめぐっては未だ論争がつづいている。**図1**の5割超という高い数値は、統計庁の毎年発表する「経済活動人口調査」における雇用労働者の分類、つまり常用、臨時、日用勤労者のうち常用を除く臨時と日用の合計で計算された。それぞれ雇用契約期間が1年以上、1年未満、1ヶ月未満と定義されている。しかし実際は韓国では明示的雇用契約のない場合が多いので、統計庁の調査指針では、所定の採用手続きによる採用、退職金や賞与金の受給などの付帯条件によって、常用労働者かどうかを判別している。その結果、就業規則の整っていなかったり、賞与や手当などが制度化されていなかったりする零細・小企業の労働者が臨時労働者として分類される可能性がある。非正規職の捉え方は国によって差はあるが、大まかにいえば、期限つき雇用、派遣、パート、契約社員など、主として雇用の形態を基準としている。そうした国際的相場を意識して、統計庁も2000年から「経済活動人口調査」に雇用形態を把握するための調査項目を追加したが、安定した時系列データをえるには日がまだ浅い。この付加調査によって捉えられたグループを非定型職と名づけ、それまでの非正規職と交差させたのが**表1**である。雇用形態基準で捉えた非定型の割合は3割弱。日本や米国でも一般にいわれる数値である。つまり類似の基準で比較すれば、韓国の非正規職ウェートが国際的に特に高いとはいえない。一方、韓国では「長期臨時労働者」、つまり雇用の継続性面では正規職と変わらないが雇用不安や低賃金にさらされている労働者が多いので、雇用形態や雇用の継続性のみで非正規職を定義するのは不十分との反論もある。

　以上、駆け足ではあるが非正規職論争の核心部分を紹介した。筆者として気になるのは次の二点である。第一に、非正規職問題を考えるとき、零細・小企業との関連をもっと意識すべきではないかということである。例えば**表1**で「定型・非正規」に分類された29％を見よう。前掲の非正規職5割超説はこのグループを

表1 非正規雇用の定義と規模 (%)

	正規労働者	非正規労働者	計
定型労働者	42.7	29.2	71.9
非定型労働者	5.7	22.4	28.1
計	48.4	51.6	100.0

注）非正規労働者：統計庁発表の臨時労働者、日用労働者で、人事処遇に着目した基準（人事管理規程なし、退職金・賞与・諸手当なし、日給制など）で捉えた。
非定型労働者：パート、派遣、呼び出しの他に、短い労働時間、期限つき雇用契約（暗黙的契約を含む、2002年調査では広く捉えようと試みられた）。
出所）「2002年経済活動人口調査付加調査」（丁怡換・李乗勲ほか『労働市場ノ柔軟化ト労働福祉』人間ト福祉社、2003年より引用）。

数えたからである。その大半を前掲の「長期臨時労働者」と見ることができれば、このグループを非正規職に数えてはばかる理由はない。しかし図3で確認されるように、その多くは零細・小企業労働者であり、前掲の調査指針に基づき臨時・日用に分類されたと推測される。私の知る限り、長期臨時職の慣行は古くから官公部門を含む大企業に普及しており、零細・小企業で正社員と臨時社員の身分区分を厳格に定めるケースはあまり見たことがない。「定型・非正規」は確かに低賃金層である。しかしその理由を大企業の慣行を念頭に「長期臨時職」に求めるには限界があろう。事業体に所属しない労働者（casual worker）がここに多く含まれているという推測論も最近出ているが、そこも実態調査の進展を待つ必要があろう。一方、雇用形態を基準に非正規職を捉える議論においても事情は変わらない。再び表1や図3を見よう。非正規職だけでなく非定型職も零細・小企業に集中している。大企業の雇用戦略を軸に非正規職の増加を論じる議論は多いが、零細・小企業との関連は必ずしも明らかでない。

　第二に、労使関係の代表勢力である大企業の労使にとって、非正規職問題といえばまず構内下請のことが思い浮かぶはずである。特に製造業の生産ラインでは正社員と同一職場で働く下請社員に対する差別が問題となり、時として激しい紛争を引き起こしている。正社員は非正規職の存在が自分たちの雇用安定にプラスに働くと考える傾向があるが、正社員の規模縮小がつづき長期的に労働組合の衰退につながることは望まない。非正規職問題をめぐる政策論争を理解するには、こうした代表勢力の立場を知っておく必要がある。しかし構内下請の場合、前掲

特集　東アジアの労使関係

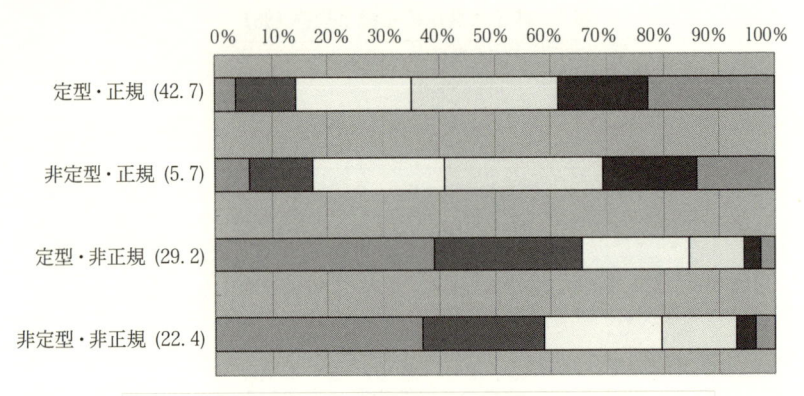

図3　非正規・非定型職の事業体規模別分布
出所）表1の丁怡換・李乗勲ほか（2003年）より作成。

の統計では把握されない。政策論争において、発言する主体の関心と統計上の実態が噛み合わないのは大きな問題であろう。

3. 分散的・対立的労使関係とその帰結

(1) 労働運動の企業別分断、穏健化政策

　つい最近まで、韓国の労働組合は日本と同じく企業別労組形態が一般的であった。なぜそうなったかという問題にここでは立ち入らない。ただし民主化以降の分散的・対立的労使関係を理解するには、開発独裁時代からつづいた政府の労働統制政策の基本性格とその影響を視野にいれる必要がある。1987年以前の国家の労働統制策は、権威主義政治体制の国際比較で考えると、コーポラティズム的統制ではなく市場主義的抑圧に近い。ここでコーポラティズム的統制とは、全国または産別規模の中央集権的労働者組織を国家権力がコントロールすることによって労働者を統制していくタイプである。一方、市場主義的抑圧とは労働者の組織化そのものを抑止しながら企業レベルの統制を重視するタイプである。国家権力に従順な韓国労総の存在に着目し、国家コーポラティズムという概念を当て

はめる議論もある。(18)確かに1960年代には産別労組形態を法的に強制した時もあった。労働組合を中央集権的に再編し権力からのトップダウン的統制を通しやすくするためであったが、実態は企業別労組体制とあまり変わらなかった。韓国において労働統制の両輪をなしたのは国家の官僚機構と企業の労務管理であり、例えば中南米のメキシコやブラジルの労働者組織に比べると、韓国労総の役割は副次的なものにすぎなかった。

　そうした傾向は1980年代に入って一層強まった。1980年労働法は企業別労組以外の組織形態を禁じた上で、当該企業の現職従業員以外は労組活動に関与できないという「第三者介入禁止」条項をもうけた。1970年代には韓国労総とは無関係に労働運動を支援する在野労働団体が存在感を増してきており、そのグループの影響力を排除するのが同条項の主なねらいであった。とはいっても上部団体の産別連盟や韓国労総さえ「第三者」扱いであったことは注目される。政権側にとって韓国労総は危険ではないが無用だったのである。(19)

　韓国労総の価値が政策当局によって再評価されるのは在野労働運動の挑戦が激しくなってからである。労働運動に関わって元の職場を解職された運動家や知識人の労働運動家が急増するにつれ、1980年代の在野労働運動は1970年代と比べものにならないほど層が厚くなった。また1970年代の運動戦略は労働組合の結成や既存労組の民主化を主に目標としていたのに対し、1980年代は理念や戦略面でスペクトラムが多様化した。特に政治や社会改革志向が強まり、労働組合という制度的枠にこだわらない様々な形の大衆闘争を組織する傾向が強まった。そうしたなか韓国労総や傘下の産別連盟は1986年の法改正により「第三者」ではないとされ、企業別労使関係に関わってもよい唯一の存在となった。その独占的地位の効果は民主化以降に遺憾なく発揮されることになる。

　1987年の民主化宣言や労働者大闘争直後、各地の職場は民主労組であふれかえった。新規労組が数多くつくられ、既存労組においても旧リーダーの多くが過去の御用的行状を批判されその座を追われた。韓国労総が足場を失った職場では、在野労働運動の諸勢力が影響力を延ばしつつあった。1987年労働法（1987年11月～96年12月）は、職場での労働運動が大衆の参加によって活力を得てしまったという現実を受け入れ、企業レベルの団体交渉を中心とする労組活動について

は従来の制約を大幅に緩和している。その一方で「第三者介入禁止」条項を残し、しかも「複数労組禁止」条項は強化されるなど、付帯措置も講じられていた。つまり企業別労組はすべて韓国労総系の産別連盟に入らないといけないし、それ以外の個人や団体は、労働運動に関わって解職された前従業員をふくめ、第三者として企業別労組への介入が禁止された。この時期の韓国労総や産別連盟は依然として古い体質のままであった。企業別労組の新しいリーダー層は、特に民主労組系リーダーほど労使紛争に多忙であり、上部団体の内部政治に関与し老獪な旧幹部たちを出し抜くほどのスキルや時間的余裕を持っていなかった。民主労組が集まって別の産別連盟をつくることは「複数労組禁止」条項に抵触するため、形式上は韓国労総傘下の産別連盟を上部団体としつつ、業種別、地域別、企業グループ別に協議会の形で集まるしかなかった。各地の職場が熱気に包まれていた労働運動の高揚期には、その組織的求心力も一挙に出来上がりやすい。その可能性は韓国労総に独占的地位を与える法によって大いに妨げられたのである。民主労組運動を企業別に分断し、穏健な企業内労働組合に作り直すこと、企業を越えて連帯し社会・政治勢力化するのを防ぐことがそうした政策の目標であったといえよう。そのねらい通り、民主労総が立ち上がるのは1995年末で、労働者大闘争から8年も後のことである。その頃には韓国労総も穏健化された労組を中心に立て直され、労働戦線は二つに分裂されたのである。

(2) 段階的民主化と労働政策

　民主化以降、労働運動をとりまく政治的・法的環境は画期的に改善された。ただし立ち入ってみると、労働運動に対する政府政策の基本スタンスは歴代政権の性格を反映して段階的に変わってきた。盧泰愚政権(1988年2月-92年2月)は選挙で選ばれたとはいえ軍部独裁時代の与党をそのまま継承した政権である。当然ながら労働運動に対する態度は厳しく、1987年労働法の悪条項を最大限に利用しつつ、前記のような抑圧的政策を維持しつづけた。次の金永三政権(1993年2月-97年2月)は　旧与党勢力に旧民主化運動勢力の一部が加わった連合政権らしく、労働改革をうたいつつもそのスピードは遅く、法改正は政権末期まで持ち込んだ。ただし法の解釈は労働側にいくらか有利にシフトし、民主労組の連帯組織

作りに有利に働いた。総じて、ここまでの10年は政治民主化の途上にある過渡期といえよう。それを反映し労働権の法的保護は独裁時代に比べて大きく前進したものの、先進国一般の相場であるILO基準に及ばない段階にあった。

それに対しIMF経済危機以降の金大中(キム・デジュン)政権(1998年2月-2002年2月)、盧武鉉(ノ・ムヒョン)政権(2003年2月-現在)は、旧民主化運動勢力が中心となった政権である。その政策については後に紹介するが、労働運動を企業内に封じ込もうとした過去の政策と一線を画し、むしろ労働運動の連帯や全国代表の政策参加に肯定的であることだけを先に述べておく。

(3) 企業別労使関係の諸類型と戦闘的労働運動の意義

それでは、経済危機前の10年間、労働運動を企業別に分断し穏健化させるという政策構想はどれだけ成功したか。また在野労働運動の流れを継承し、労働組合を束ね社会・政治改革を促す一大勢力を作ろうとした民主労組運動勢力はどれほどの影響力を確保したか。その答えの一つは、民主労総を立ち上げた時(1995年11月)の勢力分布に現れている。発足時の民主労総は全国の労働組合員数の3分の1強を組織しており、3分の2近くは韓国労総にそのまま残った。単純にいってしまえば、民主労組運動に敵対的な政府政策に助けられつつ、経営側が企業別労組の3分の2の穏健化に成功したことになる(**表2**の経済危機以降の数値との違いに注意せよ)。最初は労働組合に対する力ずくの攻撃が目立ったが、1990年代に入ると体系的労務管理を織り込んだ新経営戦略を取り入れる企業が増えてき

表2 二大労総の勢力分布(2003年12月現在)

		100人未満	1,000-4,999人	5,000人以上	組合数(個)	組合員数(名)
1987.7以前に結成	韓国労総	410	45	9	1,171	445,317
	民主労総	55	8	4	105	123,246
	上部団体なし	24	1	—	35	4,571
1987.7以降の結成	韓国労総	1,936	39	3	2,776	386,270
	民主労総	824	44	18	1,227	550,634
	上部団体なし	747	3	—	935	39,637
合計	韓国労総	2,352	84	12	3,947	831,587
	民主労総	879	52	22	1,332	673,880
	上部団体なし	864	4	—	971	44,208

出所)キム・ジョンホワンほか『2003年労働組合組織現況分析』韓国労働研究院、2004年より作成。

た。なかには、POSCO（浦項製鉄）や三星重工業のように、新生の労働組合をつぶしノンユニオン体制の維持に成功する事例も現れた。

表2で見るように、民主化以前に結成された労働組合は民主化以降の新生労組に比べ韓国労総に残留する割合が圧倒的に高い。国有鉄道や電力公社など公共部門の歴史の古い大規模労組は、民主化以降も韓国労総系リーダーシップが比較的安定していた。しかしもっと一般的パターンはLG電子のような事例であろう。つまり最初は民主労組派の挑戦をうけ既存の韓国労総系リーダーが辞任するなど流動的状況がつづいたが、労組内部穏健派と協力する経営側の管理戦略が奏功し労働組合の穏健化、労使協調体制が出来上がった。

一方、民主労総は民主化以降の新生労組が主な組織基盤となっている。注目すべきは、量的に韓国労総に劣るも、労使関係全体に影響する重要な戦略高地を抑えていることである。まず5,000人以上の大規模事業場数は民主労総の方が2倍近く多い。そのなかには、自動車や造船、重機械など、財閥系の製造業大企業が多くふくまれている。ここは韓国経済のリーディング・セクターであり、男子労働者を大量に雇用し韓国労働市場の基幹的部門を構成している。また新聞や放送局、教育、医療など、教育水準の高く、社会的影響力の大きい部門においても民主労総のシェアーが圧倒的である。

民主労総傘下のところは、労使紛争を繰り返した経験から対立的労使関係が一般的である。また政府の敵対的政策と対決して労使紛争のたびに違法争議行為が発生しいわば労政紛争、すなわち政府と労働側が直接衝突するケースが多かった。[20]個別労使紛争はすぐ政治闘争としてシンボライズされ、韓国で労働者階級が形成されたと論じられるまでとなった。[21]民主労総の立ち上げが「複数労組禁止」条項の廃止を促したように、そうした戦闘的労働運動こそ労働権の拡大を促してきた主たる動力と評価できよう。

政治化された戦闘的労働運動はもう一方で経済的実利を追求する運動でもあった。韓国労総を担ぎ出して労使協力体制をアピールするなど、賃上げ抑制をめざす政府のあらゆる取り組みは成果をほとんど挙げられなかった。[22]戦闘的労働運動の陣取ったところが経済のリーディング・セクターで、毎年の賃上げ相場を高くつり上げるプライス・リーダーとなったからである。それに先導されつつ、協調

的労使関係のところも、またノンユニオン体制を維持しているところも、大企業である限り共通して高賃金や安定雇用を軸にした内部労働市場が形成された。企業規模間の賃金格差は過去より広げられたが、開発独裁時代の低すぎた労働分配率を是正する効果がもっと大きく、全体として所得格差は縮小に向かった（前掲の図1）。1987年から経済危機直前の1996年の間、労働分配率は40.5％から47.8％へと毎年上昇しつづけた。

4. 社会的協議と新自由主義の狭間

(1) 労使政委員会の発足とその意義

経済危機以降のもっとも重要な変化の一つは政府政策の転換、つまり社会的合意（後に協議、対話とも呼ばれる）政策の登場である。社会的協議の場として労働代表、使用者代表、政府の三者で構成する労使政委員会が金大中（キム・デジュン）政権によって設置され、次の盧武鉉（ノ・ムヒョン）政権にも継承されている。三者の間で合意された内容は政策に反映される。特に発足当初は、経済危機というせっぱ詰まった状況のなか何とか合意を導き出したい政権側の強い意志を反映し、関連省庁の長や与野党の連絡代表までを参加させ、合意された内容を即時に閣議や議会を通して立法化させようという体制であった。最初の「社会的合意」には、整理解雇制の立法化などに労働側が同意する代わり、教員労組の容認、労組の政治活動容認など、それまで抑圧されてきた労働権の拡大、雇用安定や社会保障政策、財閥改革など諸改革への約束が含まれた。

すでに金永三（キム・ヨンサム）政権期に、それまで排除されてきた民主労総をふくめた労使政三者対話は始まっていた。しかし金大中政権の労使政委員会は、臨時ではなく常設機構であり、扱う分野の広さ、政策的影響力のいずれを見ても、前例をはるかに超える飛躍であった。何より、労働組合のあり方をめぐるそれまでの政策的構想が変わったことが大きい。それまでの政策は、労働組合を従業員の経済的利害を代弁する企業内的存在に限定し、全国及び産業レベルの機能を厳しく制限するものであった。その将来ビジョンは日本型のミクロ協調モデルにあった。しかしここにきてマクロ政策形成に発言する社会勢力としての労働組合をむしろ積極的に認めたことになる。それは全国や産業レベルの労働組合機能を強化する材料と

なり、後に見るように産業別労組化への流れを助けたといえる。労働組合の社会・政治勢力化は、独裁時代から盧泰愚政権期に至るまで、政策当局のもっとも嫌っていた道でもある。逆に労働陣営にとっては、いかにも遠い存在であったドイツや北欧型コーポラティズムが一歩近づいてきた、という期待を抱かせる出来事であった。

そうした政策転換が、政治民主化の段階的発展に対応していることはすでに述べた通りである。しかしこれほどの劇的な転換となったのは経済危機という危機局面の働きが決定的であった。救済金融と引き換えにIMFから構造調整の早期実施を迫られていたこと。それには、1年前のゼネストで実証済みの労働側の強い抵抗が予想されること。保守野党が国会の多数派を占めているなか、どちらかといえば政権側よりの労働陣営と激しく対立し自らの政治的基盤を弱めるのは得策といえないこと。政権側が労働組合との対話に強い意欲を示した背景にはそのような制約要因が働いていた。(23) もう一つ、民主化以降、政治権力から独立し独自の影響力を強めてきたかに見えた財界が、経済危機を契機に経済運営のリーダーシップを失い、大声を出せなくなっていたことも大きいと考える。この辺に着目する既存研究が少ないのは残念である。

(2) 社会的協議の難航と労政対立の再燃

新しい労使関係や労働政治への期待を背負って登場した社会的協議政策だが、労使政委員会でめぼしい政治的妥協を成立させたのは経済危機直後の一時期にすぎなかった。それ以降は難航に難航を重ね、労働側なかんずく民主労総側の参加拒否によって正常に稼働しない期間がむしろ長い。盧武鉉政権になってからも、最初は良好な労政関係に支えられ労使政委員会が機能しそうに見えたが、まもなく労政関係が冷え切ると労働側の参加拒否と場外闘争のつづくパターンが繰り返された。これを社会的協議政策の頓挫と見るか、それともまだ可能性が残っていると見るかは論者の政治的立場によって異なる。(24) ここでは、難航の背景要因を概括しつつ、またそれにもかかわらず労使政委員会が廃止されず維持される理由についても考えてみることにする。

金大中政権期の労使政委員会についてはすでに別稿で紹介しているので、こ

こでは盧武鉉(ノ・ムヒョン)政権期の経過を中心に議論を進める。盧武鉉大統領は自ら民主労組運動の支援活動に携わったこともあり、そうした大統領の出現に労働側、特に民主労総側は大いに期待を寄せていた。政権発足早々の政策構想は、「社会統合的労使関係」を旗印に、労使の力のアンバランスを正す(=労働組合の力を強める)とか、産別交渉体制の形成を支援すると明言するなど、民主労総側の期待に十分答えていた。しかしわずか数ヶ月足らずで政策の重心は「社会統合的労使関係」から「企業に優しい国」へシフトし、労政の対立関係が全面化した。[25]

政権側の態度変化は、第一に経済運営の危機感から始まったように見える。政権の初年度である2003年のGDP成長率は3.1%で、経済危機以降、急速な回復ぶりを見せていた経済が再び低迷するのではないかという危惧が強まっていたからである。大統領のその間の発言を見ると、労働よりの政権というイメージによって国内外からの経済投資を鈍らせはしないかと警戒する様子が浮かび上がる。[26] 労働親和的政策が経済成長にマイナスになるかプラスになるかは条件次第であり、マイナスになると決めてかかるのはイデオロギー的態度というほかはない。とはいっても、資本市場や国際投機資本に参加する人たちがこうしたイデオロギーに影響されやすいのも事実である。しかも韓国経済は経済危機を契機に金融グローバリゼーションがさらに進んでおり、そうした国際資本の動向により敏感になっている。

第二に、民主労総の中心勢力である大企業労組や公共部門の労組に対する政権側の否定的認識である。その一つは、労働市場の二極化が進むなか相対的に恵まれている大企業正規職の労組は、もはや弱者代表ではなく集団エゴイズムにすぎないという認識である。[27] もう一つは、戦闘的労働組合主義、つまりしばしば実定法の秩序を超えてまで実力行動に走る態度と、妥協を知らず最後まで言い分を通そうとする態度に対する否定的認識である。要するに、もはや権威主義の時代は過ぎ去ったのに、旧時代的な闘争一辺倒の態度で偏狭な集団利益を押し通そうとしているという認識である。[28] 最後に、その間暖まってきた公企業部門の構造調整プランが盧武鉉政権によって多く実行に移されたこと、また公務員労組の結成などもあり、政府を使用者とする労使紛争が増えたことが注目される。それも、戦闘的労働組合主義に対する政権側の拒否反応を増幅させた要因となった。

労使政委員会の最初に発足された時点では、政策参加は民主労総側に十分なお土産を約束していた。労働運動に抑圧的だったそれまでの法制度を変え、労働権が拡大されてきたからである。しかし盧武鉉(ノ・ムヒョン)政権の労使関係政策構想をまとめた「労使関係法制度の先進化方案(＝ロードマップ)」では、労働権の伸張と並んで「使用者側の対抗権」がうたわれたのが印象的である。(29) つまり権威主義時代の抑圧的制度に対する精算はすでに終わっており、今は労働権と使用者側の対抗権の間に新たなバランスを模索すべき時だというのが政権側の認識である。

　政権側と民主労総側は、労働運動が企業単位の集団エゴイズムを乗り越え社会的弱者代表という性格を取り戻すべきだという点では概ね一致しているように見える。産別労組や産別交渉体制に前向きな発言は、政権の政策的態度の変わった後もよく見かけるからである。ただしロードマップは、産別交渉となれば、企業レベルではドイツの経営協議会のような、スト権なしの労使協議でいくという方向を示唆しており興味深い。(30) つまり中央集権的産別労組の出現によって企業レベルの戦闘的労働運動が抑えられれば、という期待をにじませていたのである。一方、労働側は産別交渉化を希望しつつも、その足場となる職場レベルで武装解除されることについては警戒感が強い。

(3) 社会的協議の存続理由

　このように難航に難航を重ねながらも、三者協議という枠組みは金大中、盧武鉉両政権を通じて一応存続されつづけ、部分的ではあれ、政策的コンセンサス形成に貢献してきた。三者協議の存続を促してきた最大要因は、三者間の調整を必要とする政策的争点を次から次へと生み出しつづけたという意味で、経済危機以降の経済・社会環境そのものといえるだろう。経済危機直後において企業や政府は構造調整に対する労働側の協力を必要としていたし、労働側も企業別交渉だけでは処理できない問題を抱え、政策形成に発言するチャンスを必要としていた。また経済危機以降の環境変化により、失業対策や医療保険、年金制度など、雇用や福祉に関わる諸制度が絶えず拡充や見直しを迫られてきたことも重要である。労使関係法一つだけをとっても、民主化以降ほぼ10年間変化しなかったものが、経済危機以降は何度も改正され、微調整を繰り返している。

経営側はこれまで労使政委員会をボイコットすることなく参加しつづけてきた。経営側にとって政策インプット・チャンネルとして重要なのは別にある。保守野党をはじめ政治界中枢への働きかけ、政府内の経済テクノクラート、保守系マスコミなどが、決定的場面ではよく効く。労使政委員会は要求を出す場というよりむしろ防御の場であり、要求を呑ませようと熱くなることはない。労働側のうち韓国労総の態度も、労使政委員会からの離脱や場外闘争が時折混じるとはいえ、基本は参加である。民主労総には小さくとも労働者政党があり、職場における闘争力、そして何より社会世論や市民グループを味方に付けてきた経験がある。しかし韓国労総はそのいずれにおいても弱く、政策に影響を与えるには労使政委員会の他に選択肢を持っていない。

民主労総はこれまで労使政委員会での交渉と場外闘争を状況に応じて使い分ける戦略をとってきた。内部には、交渉の効果に懐疑的で場外闘争を優先するグループもある。韓国は、ヨーロッパでコーポラティズムを支えている基本構造、つまり集権的に組織化された労使関係や大きい労働者政党などを欠いており、協議に参加しても政策の基本方向を変える力はない。参加や交渉は新自由主義的になりがちな政府の政策を正当化するのに利用されるだけだというのがその主張である。[31] こうした強硬派の批判を背景に、民主労総側は度々交渉を打ち切って場外闘争に走った。とはいえ、発言せずにはいられない関連の懸案が続々登場するなか、相手側の考えをさぐりこちらの代案を具体的に示しておくためにも、参加拒否をいつまでもつづけるわけにはいかない。強硬派といえども、交渉と闘争の使い分けを超えて代案があるわけではない。

政府としても、関連団体との話し合いもせず政策を一方的に実行するのは政治的リスクが大きい。仮に合意に至らず強行突破する場合も、互いに譲れない線をぎりぎりまでつめ、落とし所を浮かび上がらせた上で実行した方が楽である。そうしたプロセスには、社会勢力間の取引コストを節約する効果もある。

5. 労使関係の地形変化と労働運動の新たな課題

(1) 大企業労使関係の再不安定化と企業主義の頓挫

図4で見るように、労働争議件数は民主化直後の大爆発をピークに年々減少し

特集　東アジアの労使関係

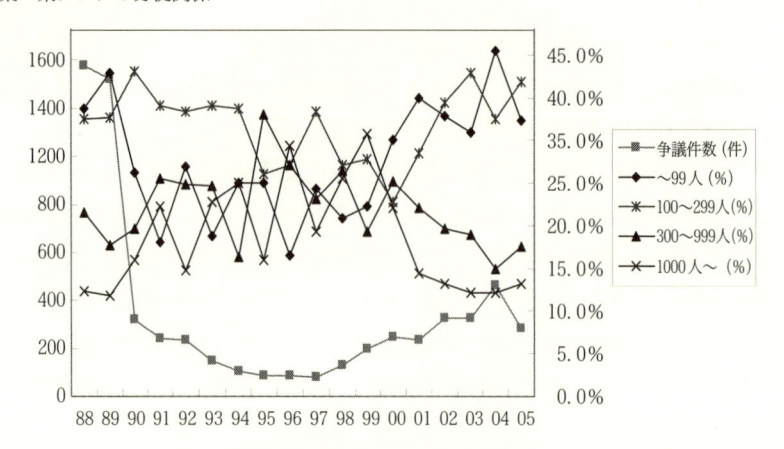

図4　労働争議件数と企業規模別構成比の推移
出所）韓国労働部統計より作成。

つづけてきたが、経済危機を起点に再び増加傾向に転じ、2005年に達してようやく横ばい傾向を見せている。民主化以降、何とか安定化に向かいつつあった労使関係が経済危機を境にもう一度、長期にわたって不安定化を経験したことを示唆する。

　まず労働争議の性格が経済危機を境に大きく変わった。経済危機以前は争議原因の多くが賃上げ要求であり、それなりの落としどころがあって妥結するパターンが一般的であった。労働法改正要求のような政治的要求も実際は賃上げ争議に乗っかって行われることが多く、賃上げの妥結と共に終わるのが普通であった。一方、経済危機以降の労働争議は、構造調整や非正規職問題、労働協約関連など、その原因が多様化している。いずれも雇用不安に対処しようとする労働側の取り組みと見てよい。また争点が企業経営のあり方や政府の産業政策の領域にまで広がっており、落とし所を見つけにくく、不法争議や妥結なしで終わるケースも増加した[32]。

　ここで、大企業と中小企業の違いに注目して頂きたい（**図4**の労働争議件数動向）。経済危機直後は労働争議件数に占める大企業の比重がまず高くなり、2001年頃から逆に中小企業の比重が上がっている。まず大企業労使関係の再不安定化

について考えよう。

　韓国では基幹産業が財閥系大企業を中心に構成されている事情を反映し、労働組合においても一部主要大企業労組の比重が突出している。2003年末現在、組合員数5,000人以上の大企業労組は、その数わずか34労組にすぎないのに、全体労働組合員数の44％を占めている。[33] 経済危機以前35％前後だったのが危機以降はさらに高まった。そのうち22労組が民主労総系で、民主労総の主力といえる金属産業連盟の場合は組合員の63.4％（2004年末現在）が大企業労組所属である。[34] 系列会社の労働組合まで考えると大企業労組の影響力はさらに大きい。

　民主化以降、労働運動の急先鋒を担ってきた大企業労組だが、経済危機前夜の1990年代半ばには、その保守化、穏健化をいわれ、その労働運動は重大な曲がり角にさしかかっていた。ノンユニオン型、経営主導の労使協調型、対立型のいずれにおいても、大企業の男子労働者を中心に高賃金や安定雇用の内部労働市場が固まり、この層を労働運動に駆り立てた第一要因が弱まってきた。また民主労総系の対立的労使関係のところで、現場職制の統制力強化をテコとする新経営戦略が奏功し、闘争力の著しい低下を経験する労組が増えてきたのもその頃である。この時点に立って韓国労使関係の将来を展望したとすれば、分散的構造がそのまま固まりいずれは日本のように企業別労使協調が主流になっていくかに見えたであろう。

　そうした流れを一気に変えたのが経済危機である。なるほど、経済危機によって労働者は、雇用を守るためには企業経営の安定が大事という認識を強め、もっと労使協調的になることもあろう。労働者にとって他の選択肢のないところ、つまり経営主導型の労使協調モデルにおいてはそういう傾向が強まったはずである。[35] ただし企業内労使協調戦略が労働者を引きつけるためには、経営側が雇用維持を優先してくれるだろうという信頼のほか、企業経営の長期的安定に対する見込みがなければならない。そうそうたる大企業が一斉に構造調整を迫られる事態を目の当たりにすると、仮に個別企業の労使が協力したところで、嵐の海に浮かぶ小舟に乗ったような不安に駆られて当然であろう。労使関係が比較的安定化しつつあったところでも、いざという時の戦いに備え、強い労働組合という保険をかけようとする傾向が強まった。とはいえ、労働組合がいかに強くても企業の経営危

機は救えない。企業も労働組合も雇用不安をふせぐ完全なる防波堤にはなりえないのである。そういう不安から、取れる時に取っておこうという、短期利益最大化の心理が働き、経営の好転した企業では労働組合がより戦闘的に分配を要求する傾向さえ現れた。[36] 企業別労組への安住傾向を掻き乱したこうした不安が、逆に産別労組化や政策参加など、新しい戦略を受け入れやすくする心理的土壌となった。

(2) 労働運動の地形変化

　財閥系大企業の大型構造調整が一段落した2001年頃になると、中小企業の方で労働争議が多発するようになる。特に大企業の構内下請企業や運輸やサービス業における個人請負制をとっている部門など、経済危機以降急速に増大してきた非正規職部門において、労働組合の結成や労働争議が増えてきたことが注目される。下請企業、特に人材派遣業に近い構内下請の場合、使用者側の支払能力や責任能力に限りがあり、親企業の責任をどこまで問えるかが争点となる。また個人請負制においても雇用関係を認めるかどうかなど従来の想定を超える争点をめぐって、当事者間のスムーズな妥結を期待するのは困難で、制度的、政策的対応が必要となってくる。そうしたなか、現行法の枠を超える争議行為や自殺抗議など世間の耳目を集める極端な行動に走るケースまで現れている。構内下請など非正規職労働者は、同一職場で類似作業に従事することが多く、正規職労働者との処遇格差や差別的扱いに憤懣を積もらせており、1987年の正規労働者がそうであったように、労働争議は感情的爆発を伴うことが多い。

　もう一つ、労働運動の先鋒に立つ顔ぶれが多様化してきた。従来は民間大企業、そのなかでも重工業大工場が突出していたが、経済危機以降、公共部門、運輸・通信、サービスなどが加わっている。特に公共部門の場合、二つの要因、つまり急速に進められる構造改革に対する不安から労使関係が悪化したことや、労働権に対する従来の制約が社会的協議政策を通じて緩和されたことにより戦闘的労働運動が台頭した。例えば国鉄労組は韓国労総の古巣として1987年の嵐にもそのリーダーシップに変動がなかった。しかし経済危機以降、国鉄が公社化する辺りで労使関係が急転し、労組の主力は韓国労総を離脱し民主労総に乗り換えた。こ

うしたケースのお陰で組織人員数に占める民主労総のシェアーは発足当時の3分の1から半分近くまで増加した(**表2**)。また金融労連のような韓国労総系のおとなしい組織が構造改革を前に大型争議に走ったケースも注目される。

(3) 労働陣営の危機意識

労働運動に対する政府政策が抑圧政策から社会的協議政策へ変わったことは労働運動陣営にとって大きなプラス材料である。それを契機に、社会・政治改革をめざす労働運動の勢力化も一定の前進を見せてきた。とはいえ、労働運動がます勢いを増してきたかといえば、経済危機以降の実態は必ずしもその通りではなく、むしろ本当の意味での危機に直面しているといった方が正しい。労働運動が不利な政治的、法的環境においても粘り強く闘争を続けられたのは、世論の圧倒的支持を得ていたからである。その支持は、労働組合が弱者代表であり社会的正義にかなっているというイメージに基づいていた。しかし、例えばすでに紹介した盧武鉉政権期の労政対立のように、政府側が労働組合に批判的な世論を頼りに労働側の抵抗を押し切ろうとする場面が増えてきたのは重要である。保守系マスコミによって煽られた側面はあろうが、労働組合に対する過去のイメージが大きく変わったのは否定できない。一部労組幹部の腐敗ぶりが暴露されたのは象徴的である。(37)ここでは、そうしたイメージ変化の背後にある要因を吟味してみよう。

まず経済の悪化と労働組合の関連について見よう。経済が悪化すれば、要求自粛や企業経営への協力を労働側に求める世論を煽りやすくなる。例えば盧武鉉政権期の現代自動車、韓国経済を代表する大企業の一つを事例として挙げよう。労使紛争が長引くと保守系マスコミは労働組合員の高い賃金水準を一斉に報じる。労働組合の貪欲な姿勢が国民経済を危うくするという論理である。生産性上昇を上回る賃上げはコストプッシュ要因となり産業の国際競争力を損なう。という保守派の伝統的議論に立ち返って考えても、現代自動車がグローバル市場で競争力を維持している現状において、そこの労働者のもらいすぎを論じるのは説得力が弱い。高生産性部門の賃金上昇が経済全体の賃金上昇を煽る波及効果はもちろんあろう。ただし経済危機以降は労働分配率が下がったままである。つまり波及効果によって賃上げが生産性の低い他部門に広がり経済全体のコストプッシュにな

るのは、経済危機以前ならともかく、危機以降については当てはまらない。問題なのはむしろ波及効果の見えないほど部門間格差が開いたこと、特に中小企業の弱さである。峰は高くそびえるが裾野は広がらない。経済問題の主因探しはまずその辺から始めなければならないであろう。

　それでもなお、大企業労働者の高賃金が庶民層の嫉妬や反発を買い、ポピュリズム的政治手法を好む大統領が大企業労組のエゴイズムを直接批判する事態となったのは、経済格差の拡大、労働市場の二極化に原因がある。すでに見てきたように、経済部門間の生産性上昇能力に大きい落差があり、ダウンサイジングやアウトソーシングなど企業側の労働力利用戦略がそれを増幅させてきたことが基本要因である。ただし正規従業員の利益のみを代弁してきた労働組合のあり方がそうした戦略を促す土壌をつくったという側面も否定できない。

　労働組合の組織率は全賃金労働者の18.6％（1989年）をピークに下がりつづけ、2004年には10.3％まで落ちてきている。組織率低下はまず産業構造の変化と関わっている。女性のみを見るとよりはっきり見て取れる。女性の組織率は1980年17％だったのが、80年代前半で10％台におち、民主化直後に13.7％（1988年）と盛り返したのもつかの間、経済危機直前には早くも6％台まで下がってしまい経済危機以降も5％台に低迷している。[38] 1980年の高い数値は女性を大量に雇用していた繊維産業など軽工業のウェートの高さを反映している。組織率は民主化以降の労働運動の活性化を反映して一時期上昇したが、軽工業の急速な衰退と共に下がりつづけた。経済危機後の女性労働者は製造業ではなく、サービス業や非正規職を中心に増加しており、組織率の低迷はこの部門で組織化が進まない現状を反映している。経済危機以降、組織人員数における大企業のウェートが一層高まったことはすでに述べた通りで、労働組合はますます大企業の正規従業員、その大半は男性だが、を代表するようになっている。相対的に増えつづける未組織層の問題に労働組合が本気で取り組まない限り、社会的弱者代表という過去のイメージを回復するのは難しいだろう。

　雇用不安の大衆的体験を契機に、高度成長に乗っかっていた分配要求一辺倒の運動戦略はその限界を露呈している。市場主義的、分散的対応戦略、つまり労使協調により企業の競争力維持を心がけ、非正規職を増やし正規職の雇用安定をは

かるのももちろん選択肢の一つである。その場合、労働組合はますます少数派の利益団体になり下がり、マクロ政策的影響力を失っていくであろう。そうした方向に流れる傾向は経営主導型労使協調のところで強く現れた。ただし階級的連帯を掲げる戦闘的労組でさえ、実際は分散的対応に流されてきたことを忘れてはならない。戦闘的労働組合ほど内部政治は直接民主主義であり、労組代表の独走を許さないチェック機能が発達している。(39)抑圧的環境で闘うために作られた慣行だが、逆に大衆が短期的利益や既得権益に執着する場合、長期的ビジョンや労働運動全体の視点に基づくリーダーシップの発揮を妨げることもある。非正規職との連帯や産別労組への転換をめざすリーダーは大衆の抵抗に悩まざるをえない。

　労働者の関心は賃上げ一辺倒の時代を過ぎて、雇用安定、教育や訓練、医療や年金などライフスタイル全体の設計に関わる諸領域に多様化しつつある。そうしたニーズを汲み上げるのは労働組合の重要なビジネスであり、それを怠るとそのビジネス・チャンスを企業や別の団体に奪われることになる。労働組合の政策立案能力、政治的インプット能力はますます重要となってくる。以上のような諸課題に答えられるかどうか。労働運動は本当の岐路に立たされているといえる。

6. 産業別労組化の経過とその背景

(1) 民主労組の連帯組織

　経済危機以降、企業別労組から産業別労組への組織再編が進みつつある。それがいかに難しい変化なのかは日本の労働運動の経験からして察しがつくだろう。理想論として産別労組化を掲げる傾向は以前にもあったが、それが力強い流れとなったのは経済危機以降である。従来の運動方式の行き詰まりに危機意識を強めた労働陣営が産別化に全力を挙げるようになったからである。大企業正規従業員中心のエゴイズムを指摘されつつある企業別労組に比べ、産別労組は中小企業や非正規職の組織化により積極的となり、労働組合の組織的求心力を高め政策的、政治的影響力を強めていくことが期待されている。以下では産別労組化の進行過程を詳しく分析し、そのダイナミズムに関わった諸要因を明らかにする。

　韓国の労働組合の組織形態は、1960年代を除けば企業別労組が一般的である。1960年代も法的強制によって形を産別労組に変えただけで実態は企業別労組と

ほとんど変わらなかった。特に1980年労働法は企業別労組形態を強制し、1987年の民主化以降も企業別労組を超える活動を抑圧する政策がつづいたことはすでに述べた通りである。一方、在野労働運動の流れのなかには、労働者の階級的連帯に適合的な組織形態として産別労組を理想とする考えが早くからあった。民主化以降、民主労組運動陣営の全国的結集を掲げて発足した全労協(ジョンノーヒョップ)(全国労働組合協議会、1990年1月結成)は、その綱領に産業別労組化を今後の重要課題として挙げていた。

とはいえ、当時は既存の企業別労組を集め産業別連盟や民主労総を立ち上げるのに精一杯であり、組織形態の転換はまだ二の次であった。また企業別労組を産業別ではなく、地域別や財閥グループ別に束ねる傾向も強かった。全労協の場合、全国組織の傘下に実際は地域別組織が連帯活動の主役であった。スト破りや公権力との衝突の一般的状況において、地域闘争団活動が連帯活動の中心であったからである。現代グループなど財閥系では、個別企業経営者の後ろにある財閥総帥が事実上の最高経営者だったことから、グループ労組の連帯交渉や闘争を重視する傾向が強かった。

(2) 最初は小産別労組から

産別労組を実際に立ち上げた最初の事例は、はじめから企業別ではなく産別組織として立ち上げられた全教組(ジョンキョウジョ)(全国教員労働組合、1989年5月、以下の労組名は表3参照)である。ただし団結を禁じた法が1999年に改正されるまで労働組合として正常な活動はできなかった。[40]

企業別労組が集まり産業別労組となった最初の事例は科学技術労組(1994年4月)である。ここが早かったのは理由がある。同労組は主に政府科学技術部傘下の研究機関を組織している。公共部門に共通する特徴であるが、政府系研究機関の予算は主務官庁を介して政府全体の予算システムのなかに組み込まれており、研究所長の裁量は限られている。賃上げ相場を決めるには主務官庁や予算当局との折衝が必要であり、労組側は集まった方が有利である。実際は使用者側が企業別交渉以外の方式を拒否していたので、労組側が集まって研究機関一つ一つと交渉に当たる対角線方式をつづけた。その経験から協議会や連盟のような緩い連帯

表3　産業別労働組合の組織状況（2002年12月末現在）

所属		労組名	支部数	組合員数（名）	設立日
韓国労総	金融労連	全国金融産業労組	22	66,986	2000.03.29
	タクシー労連	全国タクシー産業労組	456	45,000	2000.04.27
	韓国教員労働組合		1	25,000	1999.07.01
	小　計	3	479	136,986	
民主労総	建設産業連盟	全国建設運送労働組合	6	750	2000.09.22
		全国タワークレーン労働組合	6	570	2000.08.12
	公共連盟	全国科学技術労働組合	37	3,846	1994.04.15
		全国研究専門労働組合	17	937	1997.09.24
		全国自動車運転学院労働組合	44	753	2001.03.25
		全国建設エンジニアリング労働組合	7	1,357	2001.11.10
	金属産業連盟	金属労働組合	164	35,514	2001.02.08
	全国大学労働組合		95	8,000	1998.11.06
	全国民主バース労働組合		20	1,654	1997.05.01
	病院労連	保健医療産業労働組合	152	38,782	1998.02.27
	事務金融労連	全国農業協同組合労働組合	77	9,466	1999.07.01
		全国セマウル金庫労働組合	2	400	1999.11.30
		全国生命保険労働組合	9	3,030	1998.04.01
		全国損害保険労働組合	14	8,732	1999.05.06
		全国相互信用金庫労働組合	19	564	1996.05.15
		全国証券産業労働組合	14	6,170	1997.03.19
		全国畜産協同組合労働組合	87	6,954	1999.04.10
	言論労連	全国言論労働組合	68	15,718	2000.11.24
	全国講師労働組合		2	850	1994.06.14
	全国教職員労働組合		16	93,378	1989.05.
	全国タクシー連盟	全国タクシー労働組合	127	10,921	2001.07.27
	全国学習誌産業労働組合　全国船員労働組合		6 1	1,250 870	2000.11.20 1998.06.03
	貨物労連	全国運送荷揚労働組合	28	3,561	1999.03.02
	小　計	25	1,051	254,868	
全　体		28	1,530	391,854	

出所）キム・テヒョン「産別労組運動ノ現段階」（『労働社会』2003年4-5月）。

より単一の組織が有利という認識が広がった。政府系の文系研究機関を組織している全国研究専門労組（1997年9月）も同じ理由によって比較的早く産業別労組に転換した。科学技術労組が一足早かったのは、文系の研究機関のように主務官庁が多様でなく一本に絞られていること、研究機関が地域的に密集していて連帯活動をしやすかったことなど、条件の違いがあったからであろう。もう一つ、結成当時の科学技術労組は14支部、組合員3,250名で、よく小産別労組と呼ばれた。

規模において中小企業の密集地を組織する地域労組よりは大きいが、既存の産業別連盟に比べはるかに小さい(42)。

このように最初の小産別労組結成においては、大儀のための産別労組化という理念先行ではなく、団体交渉上の必要性、つまり企業単位を超える共通の使用者の存在という特殊な条件に促された面が強い。労働力の同質性が高いのも産別化に有利な条件であった。もう一つ決定的要因は、企業別組織の規模が小さく、ここが高学歴ホワイトカラー中心の職場だったということである。長期的に見た場合、若者の正義感を煽る社会・政治的激動が収まると、リサーチャーという専門職キャリアー志向の強い職場において労働組合のプロになろうとするやり手は少なくなる。小さい企業別労組内で跡を継ぐやり手が見つからなければその活動は自然に衰退してしまう。すべての組織を一つにまとめ労働組合の機能や限られた人材を本部に集中させれば、企業別支部はアマチュアーでも支えられる。

科学技術労組の結成時期は金永三(キム・ヨンサム)政権期、つまり前任の盧泰愚(ノ・テウ)政権期より統制がいくぶん緩くなったときであった。それでも、当局の労組設立認可がなかなか降りず数ヶ月もかかった。産別労組化は当時の労働当局にとって想定外の厄介な挑戦だったのであろう。これで、1987年労働法のもとでも産別労組への転換はできることが示された。全国地域医療保険労組（1994年11月、4,000名）がすぐ後につづき、全国農協労組（23,000名）や放送労組などもその刺激を受け動き出したとされる(43)。いずれもホワイトカラー部門であり、地域医療保険労組や農協労組は使用者権限などの条件が科学技術労組と類似している。事務金融労連の場合、全国相互信用金庫労組（1996年5月）をはじめ傘下の労組を次々と小産別労組に束ねていくのが注目される（表3）。ホワイトカラーの中小職場、業態の類似性など条件的類似はそこでも確認される。ただし科学技術労組の跡を継ぐのは小産別労組だけではない。後の保健医療産業労組のように、本格的産別労組への始動もこの前例によって拍車がかかった。

(3) 産別化の先駆け

表3でわかるように、既存の企業別労組が雪崩を打って産業別労組に転換し出したのは経済危機の勃発（1997年11月）以降であり、その先陣を切ったのは保健

医療産業労組（1998年2月）である。この事例が重要なのは次の二点においてである。一つは、大手病院を含め産業の主要部分を組織する相当規模の産別労組が出来上がったことで、中小労組を集めた小産別労組の経験を一歩踏み出したことである。もう一つは、前記の科学技術労組の結成が企業別団体交渉の行き詰まりという、どちらかといえば、与えられた外的条件に適応するプロセスであったとすれば、保健医療産業労組の場合は産別労組をめざそうとする指導部の明確なビジョンや戦略に基づく長期的取り組みの結果であったということである。以上の二点により、保健医療産業労組の事例は経済危機を前にひるむ他労組に、産別化という新しい対抗戦略を鮮やかに提示してくれたといえる。

大手企業別労組の産業別への転換がいかに難しかったかは放送労組の事例がよく示している。科学技術労組の前例に勇気づけられた放送労組協議会は、放送労組準備委員会（1995年1月）を立ち上げ、1996年には産別労組への転換を問う組合員の全員投票を実施した。しかし例えば最大手のKBS（韓国放送公社）労組において必要とされる3分の2以上の支持を獲得できなかった。放送部門の労組は後ほど新聞部門と一緒に全国言論労組（2000年11月）を立ち上げることになるが、それは経済危機に伴う大型構造調整という散々な経験の後のことである。[44]

それに対し保健医療産業労組のいち早い成功は、まず大手を中心に労組リーダー層が強い目的意識や連帯意識を共有し、産別労組化にむけ大衆的経験を積み上げてきたという主体的力量によって説明されよう。[45] その歩みは次のように要約される。まず韓国労総系産別連盟（連合）傘下の病院関連労組が集まって病院労組協議会を立ち上げ、韓国労総系から事実上離脱した。その後、病院労組協議会は病院労連という独立の産別連盟に転換し、形式上も独立した勢力となった。その時は当局の認可が降りない状況で粘り大法院の合法判決（1993年5月）を勝ち取った。そうした裁判所判決の動向にも金永三文民政権の登場という民主化の緩やかな進展が反映されていると考えてよい。そこで勢いを得て、次は労連の地域本部に交渉権を集中させ共同交渉を成功させ、その経験を踏まえ1995年から産別労組化プロジェクトを正式にスタートさせた。組織転換の日程（1998年2月）も1年前の代議員大会（1997年3月）ですでに確定されており、経済危機（1997年11月）の影響と直接関係はない。

このように不利な環境に挑戦しつづけその度に目標を達成してきたというその大衆的体験が保健医療産業労組の求心力を高める最大要因であった。病院部門が業態や労働力の質において同質性が高いこと、また大手病院を中心に対立的労使関係が一般的であったことも重要な背景要因である。

ここで忘れてならないのは、産別化を助ける追い風が二度も吹いてくれたことである。第一回目は労働法改正（1997年3月）、二回目は経済危機の勃発（1997年11月）である。保健医療産業労組にとって労働法改正は産別化を決議した代議員大会の後を追うように出てきた。つまり決定そのものに影響を与えたというより、自分たちが時代の流れを先取りしていると確信させ、力強い実践を促す材料となったといえよう。また産別化を問う組合員全員投票は危機勃発後の1997年12月から1998年1月の間に実施されており、経済危機の心理的インパクトが投票行動に影響を与えた可能性は十分ある。以下ではこの二つの追い風の意味を立ち入って検討してみよう。

(4) 労組専従者の賃金支給禁止

1997年労働法には既存の企業別労組の財政基盤を揺るがしかねない条項がいくつか新設された。労働組合の専従者に企業が賃金を支給するのを禁じる条項（ただし5年の猶予期間が設けられていた）、争議期間中の賃金を要求する争議を禁じる条項などがそれである。専従者の賃金支給や争議中の賃金支給はいずれも広く定着していた慣行であり、割安な組合費でもって労働組合が財政的に窮することなく、頻繁にストライキを打てる根拠でもあった。そうした慣行が廃止されば、労働組合の戦闘力は一気に低下せざるをえない。特に財政規模の小さい中小労組は活動力をほとんど失いかねない。5年以内に大きい産別組織にまとまらないと、労働運動は中小労組から衰退し始め止まらなくなるだろう。そういう危機意識に駆られ、民主労総陣営では産別労組化を掲げる声が一気に高まってきた。[46] かけ声倒れの感を否めなかったそれまでと違い、今度は中小労組や中堅規模の労組を含めた広い範囲にわたって、ようやく本気で産別化を考える雰囲気が形成された。公共や事務部門などではこの頃から小産別労組の結成が加速された（**表3参照**）。産別労組化の遅かった製造業部門においても、中小・中堅労組は比較的

早くから集まるようになった。

　専従者賃金禁止をめぐっては重要な論点を二点ほど指摘することができる。まず一つはこの条項がどうやって挿入されたかをいう立法経緯に関わる論点である。1997年労働法は、悪名高い1987年労働法を改正するために設けられた労使政三者会議（労改委＝労使関係改革委員会）が合意に至らず決裂したのを受け、政府単独案の与党単独採決、民主労総と韓国労総の共闘によるゼネスト、与野党合意による再改正といった紆余曲折をへて成立した。

　専従者賃金禁止などはそもそも経総（＝韓国経営者総協会）の主張によって取り入れられた条項である。しかし経営側の意図に反してそれが産別労組化を促す決定的材料となってしまったことで経営側の態度も微妙に変わった。専従者賃金支給の禁止条項はその後2003年、2006年の法改正で二度も施行が延期され、未だに実行されていない。延期にもっとも精を出したのは韓国労総であるが、表の反対と裏腹に経営側がすんなりと妥協したのも背景がある。韓国労総の傘下には産別化に消極的労組が多い。経営主導の労使協調が固まったところほどそういう傾向は強い。そういうところが民主労総陣営より先に財政的に追いつめられても経営側にとっては面白くない。一方、民主労総は一貫して、専従者賃金支給の問題は労使の自主的取り決めに任せるべきで法律による禁止には反対という立場をとってきた。ただしそれはあくまで建前上の話で、本音では、度重なる施行延期により産別労組化への流れが途切れはしないかと心配している。[47]

　以上のような経緯から、経営側の攻撃戦略が裏目に出て民主労総側が思わぬ得をしたともいえる。ただしそれはあくまで結果論である。逆にいえば、労改委の行われた1996年の時点では、産別化がこれほどの流れになるとは誰も予測できなかったといえる。しかも労改委での経総の交渉戦略には奥深い読みがあったと筆者は推測する。当時、政府が労働法改正に乗り出した最大理由は民主労総の法認、つまり複数労組禁止条項の撤廃にあった。経総は専従者賃金禁止などが通らない限り複数労組禁止の撤廃を受け入れられないと粘った。民主労総の法認を時代の流れとみて条件闘争に入ったという解釈はもちろん成り立つ。ただし経総にはもう一つの読みがあった。韓国労総がへそを曲げれば労改委は一層難航し、法改正そのものが先延ばしになる可能性である。韓国労総は時代の流れに逆らえず

労改委に参加はしたものの、ライバルの法認を認めざるをえない状況にそもそも穏やかな気持ちではない。もし経総と民主労総が妥協し、複数労組禁止の撤廃と専従者賃金禁止が同時に成立する事態となれば、韓国労総にとって最悪のシナリオである。関係者間の合意がなければ法改正は延期されるという情勢判断のもと、韓国労総は法改正の遅延作戦により積極的になった。(48) その読み通り労改委は合意なしで解散となった。ただし労働改革を成し遂げたという政治的名分を欲しがる政権側によって政府単独案が国会を通り、前記のような波乱に満ちたプロセスが展開されるとは読めなかったに違いない。

　もう一つ企業別労組に関わる既得権の問題がある。大手企業労組ほど産別化が難しい背景には、企業別交渉に比べ産別交渉が賃上げに有利とは限らないこと、非正規職と正規職が同じ労働組合員となりその格差が縮まると正規職の既得権が削がれるかもしれないことなど、正規従業員の利害判断がある。さらに問題は労組役員層の態度である。一般労組員を説得して回るべき役員層もまた産別化によって失うものがあり、口では連帯を唱えつつも、実際は及び腰になる可能性があるからである。激動期を過ぎて企業別労組が制度的に安定してくると、大手企業の労組幹部には大規模の財政、産別連盟の要職、地方議会や行政への進出など、いわば出世コースが視野に入るようになる。製造業のブルーカラー層にとっては特に魅力あるキャリアー・コースである。産別化となれば、そうした既得権の一部を諦めなければならない。民主化以降もっとも戦闘的だった製造業大手労組だが産別化はもっとも遅い。既得権問題は無視しえない要因である。

　韓国労働運動の成長に民主化運動時代から知識人の貢献が大きかったことはすでに述べた通りである。1990年頃、知識人労働運動家の結集体である労運協（＝全国労働運動団体協議会）は全労協と二人三脚の関係にあり、労働運動に政治闘争主義的傾向を吹き込んでいた。しかし党派争いなどもあり労運協が全労協から排除された1992年頃以降、労働運動の主役は制度化された労働組合に一本化された。(49) 企業別労組体制のもと知識人運動家の受け皿は狭く労働運動を離れた人も多い。専門職として予算の少ない産別連盟に関わったりするが、企業別労組出身でないと立場が弱い。企業主義が強まってきたのもその頃からである。労働界を離れた一部の人が後ほど政府の知恵袋となり、大企業労組のエゴイズムを批判す

る急先鋒となったと指摘されているのは興味深い。[50]

(5) 経済危機と産別転換の本格化

　産別労組化の流れが経済危機以降加速されたのはなぜか。大量人員削減を防ぎ切れず民主化以降10年間築いてきた成果を一夜にして失い、企業別労組の限界を思い知らされたのが一番大きい、と民主労総幹部の一人はいう。8千人が首になっても労組は手も足も出なかった（言論産業の事例）。産別労連の総ストライキ戦術が一部労組の戦線離脱によって崩れてしまった（金融産業の事例）。企業別労組体制のままでは政権や資本、IMFのような国際資本の攻勢に立ち向かえない（金属産業の事例）。などの証言がその雰囲気を伝えている。また1997年の労働法改正により産別化を妨げる法的制約が緩和されたことも指摘されている。[51]

　労働者大衆の関心はそれまで、主に企業内労使関係に向けられ、協調か対立かの選択が最大争点であった。しかし経済危機は企業外部から押し寄せる得体の知れない巨大な力であった。個別経営者に詰め寄っても、政府の構造調整方針が背後に控えているし、また政府当局の背後にはグローバル市場やIMFの圧力が構えている。産別労組化がどれだけ解決策になるか定かではないが、巨大な力に立ち向かうにはとにかくこちらも大きくなった方がよい。そうした大衆的感覚がもっとも大きかったと思われる。

　典型的事例は金融労連である。それまで韓国労総系のおとなしい組織が金融産業の構造調整で人員削減を経験してから豹変した。1999年に強硬派リーダーシップに替わり産別労組に転換、2000年に総ストライキを決行し金融当局と合意を取り付けるなど一定の成果を挙げる。産別転換を促した要因としては、企業別労組の寄せ集めという弱い連帯では総ストライキが持続できなかったという経験、第二次構造調整が来るという危機意識、銀行協会や金融当局との交渉、投機的国際資本対策、国際機構への働きかけなど、政治的・政策的取り組みが重要となったことなどを挙げられよう。[52]

　一方、民主労総陣営のなかで産別化のもっとも遅かったのは製造業の大手労組である。経済危機以降は製造業においても産別化の流れが本格化し、全国金属労組（2001年2月）が立ち上がった。しかしその組織規模は、民主労総系の金属産

業労組連盟全体の22％にすぎなかった。自動車、造船、重工業産業の大手企業労組が加入しなかったからである。最大組織の現代自動車労組の場合、産別転換を問う全員投票が2003年6月に実施されたが、賛成62％（在籍総数の54％）で3分の2を越えずに否決された。経営側は強く反対を働きかけた。一般組合員の間では非正規職と一緒になれば既得権を失うなど正規職のエゴイズムが働いたが、それよりも、現場活動家の諸派閥が分裂し一致して大衆の説得に回れなかったことが決定的であっといわれる。一般組合員以上に労組活動家レベルにおいても既得権の調整は簡単ではなかったのである。

　しかし3年後の2006年6月の全員投票では、賛成71.5％（在籍総数の65.1％）で産別への転換が決まった。同じ投票は金属産業の他の大手企業労組でも一斉に実施され、19労組、10万名近くが産別転換を決めた。今度は現場活動家層が比較的一致して動いたようである。成功の理由について労組関係者から様々な説明が出ているが、特に注目されるのは次の二点である。一つは、労組側が1998年の整理解雇反対闘争を知らない若手向けの宣伝活動に力を入れたという証言である。すでに紹介した通り、経済危機による雇用不安の経験が重要な契機となっている。もう一つは、「大工場正規職労働者は自分のことしか頭にない連中と見られ、内外から孤立無援になっている。目先の既得権にこだわっていては整理解雇制、派遣労働制など制度的圧力を通じて（内部）労働市場は解体されるし、海外への工場移転などもっと大きい荒波に呑み込まれてしまうのではないかという危機感が大きかった」という労組代表の発言である。ここでは内外からの圧力が強く意識されている。ひと昔なら労働陣営の一部リーダーや論客だけが産別化を唱えていた。経済危機以降は民主労総内部で産別主義がすでに多数派となっていた。大統領が大企業労組のエゴイズムを直接批判するなど外部からの圧力もまた無視できない。社会・政治的孤立は将来の法的や政策的攻撃を予期させる。また工場の海外移転にふれているのも注目される。現代自動車だけでなく大手企業の多くは経済危機以降外国資本の持ち分が増えてきており、事業のグローバルな性格はさらに強まりつつある。労働組合は広い視野と政策的能力がますます求められるのである。

　2006年7月現在、民主労総では51万名（全組織の65％）が産別労組に入っており、

企業別労組を引き離して多数派となっている。金属産業の大手企業労組が転換されたことをふくめ、1年後は80％を目標としている。韓国労総の場合は17万名（全組織の22％）が産別に転換しており、まだ企業別労組が多数派である。[57]

7. 結論と展望

　1987年以降の韓国の労使関係は1997年のIMF経済危機を境にその展開方向が大きく変わった。危機以前の10年間は主として企業内労使関係の制度化が進んできた。それに対し企業を超える産業、全国レベルでは制度化は遅れ、街頭での労政紛争という形で処理されてきた。危機以降は労使政委員会の設置により三者協議が制度化され、産別労組化が進むなど、企業を超えるレベルでの制度化に大きな進展があった。国際比較でいえば、ミクロ調整を軸とする日本型に向かっていたのが、ヨーロッパ型コーポラティズムの方向に進路を変えつつあるともいえる。本稿ではそうした変化がいつ、どのようにして起きてきたかを叙述してきた。政治民主化の段階的進展により労使関係をとりまく法的、政治的環境が労働側に有利になったことが背景の一つとして注目された。しかしそれより重要な要因が経済環境の変化である。それにより従来の枠組みでは処理し切れない新たな課題を突きつけられたことが、制度的変化に向け人々を突き動かした決定的要因であった。

　とはいえ、労使政委員会の難航ぶりや度重なる労政紛争で明らかなように、コーポラティズムと新自由主義の狭間で揺れているのが労働政治の現状である。労働よりの政権と思われた盧武鉉（ノ・ムヒョン）政権においても労政協調はうまくいっていない。経済の変調が労政協調を妨げる要因となっており、グローバルな資金市場の圧力、自由貿易協定（FTA）などグローバリゼーションの圧力も新自由主義的政策方向に味方している。もっと直接に労働組合と関わる問題は所得格差の拡大や労働市場の二極化問題である。労働組合の保護を受けられない低賃金労働者層が増えてきたことによって、労働組合は既得権にしがみつくエゴイスト集団として叩かれるようになった。

　しかし正規職の内部労働市場を解体させる方向で二極化問題を解決したとしても、それは民主化以前に戻るのと同じで、労働分配率を低く抑えたまま労働者の

多数を下層に追いやる結果になりかねない。非正規職問題については、労働力利用の社会的コスト、すなわち直接賃金以外の医療保険や年金などの費用を誰がどのように負担するかを明確にし、非正規職増加の一因である使用者側のフリーライディングを防ぐのが先決である。また同一労働同一賃金の原則からの過度な離脱を規制する制度的装置も必要であろう。非正規職問題をめぐるこれまでの議論は、正規職労働者の過度な高賃金、雇用保障という供給サイド要因を強調しすぎる嫌いがある。また非正規職という時、労使紛争の多い部門、すなわち大企業の構内下請労働のイメージに引っ張られてきた感がある。しかし突き詰めていえば、大企業構内下請労働の低賃金は中小企業労働市場の低賃金と連動している問題であり、そういう意味で格差問題の根本原因は需要サイドにあることを忘れてはならない。グローバリゼーションに乗っかって好調な大企業と中小企業の生産性格差がそれである。また従来の労働集約型軽工業の代わりに雇用の受け皿となったサービス部門の生産性問題でもある。それは、脱工業化の段階に入った先進各国にいくぶん共通する傾向ではあるが、韓国ではまだ量産型製造業がリーディング・セクターの座を維持しており、経済の底上げ余地はまだあると思う。

　韓国の労働運動は企業単位の団体交渉制の確立につづき、経済危機以降は政策的発言力や労働者政党、産別労組を次々に達成しつつある。民主化以前の在野労働運動家の夢が一応すべて形にはなったという意味で、それは驚くべき発展である。一方、こうした発展がそもそも労働組合側の危機意識をバネにして達成されたことも忘れてはならない。産別組織への転換は危機対策のほんの序の口にすぎない。産別化の進行にもかかわらず労働組合組織率は低下しつづけている。未組織部門の組織化を支援する体制はまだ形になっていない。労働組合内部の政治構造や団体交渉構造も企業別の時とまだ大きく変わっていない。組織によってばらつきはあるが、産別本部より企業支部への資金配分がまだ圧倒的に大きい。産別中央交渉も一部では機能しつつあるが、企業別交渉、部分的共同交渉や対角線交渉がまだ一般的である。すべてのアジェンダに硬直的に中央交渉を当てる必要はないが、これまでの極端な分散化を顧慮すれば、また産別化の目的でもある政策的発言力を強めていくためにも、さらなる集権化は必要となろう。

〔注〕
(1) コーポラティズムの視座からの国際比較としては、稲上毅ほか『ネオコーポラティズムの国際比較』(日本労働研究機構、1994年) を参照。また米国の場合は、製造業の代表的大手、例えばボーイング社や自動車のGM、フォードなどにおいて、1990年代の激しい対立の後は雇用維持のための労使協調を強調する傾向が強まり、特にGMなどを見ると職場レベルで協力体制づくりに力を入れている様子である。
(2) 「経済の社会化」については、稲上毅「労働者参加と社会政策」(青井和夫・直井優編『福祉と計画の社会学』東京大学出版会、1980年) を参照。
(3) その辺の議論を網羅している代表的文献として、S. フィッシャー／R.N. クーパーほか著、岩本武和訳『IMF 資本自由化論争』岩波書店、1999年、を挙げておく。
(4) イ・ホグン「製造業空洞化論争ト対策法案論議ノ社会的意義」(韓国労働教育院『労働教育』2005年5月)。
(5) サービス経済化に伴う低成長を論じた代表的文献として、R. Rowthorn & R. Ramaswamy, *Deindustrialization: Its Causes and Implications*, IMF (Economic Issues Series 10), 1997年を参照。
(6) ジョン・ビョンユ／ナム・ゼリャングほか『韓国ノ労働需要構造ニ関する研究』韓国労働研究院、2005年、120-123頁。アン・ヒョンヒョ／ホワン・ソンウング／ナム・キゴン「製造業空洞化ヲメグル議論ト政策代案評価」(『産業労働研究』11-2、2005年)。オ・ジュンビョング (呉準乗)「韓国経済ノ産業構造変化ニ関する要因分析—脱工業化論議ヲ中心ニ」(『経済学研究』53-1)。
(7) ジョ・ソンゼ／ジャン・ヨンソク／オ・ゼフォン『東北アジア製造業ノ分業構造ト雇用関係Ⅰ』韓国労働研究院、2005年。
(8) ユ・ギョンジュンほか『韓国経済ノ構造変化ト雇用創出』韓国開発研究院、2004年、の要約を参照。
(9) OECD 統計によれば、韓国の雇用率 (=就業人口／15-64歳人口) は OECD30ヶ国平均より低く、米国、イギリスなど高い国と比べ8〜10%も低い。また1994〜2005年の間の上昇は0.9%にとどまり、スペイン (16.9%)、アイルランド (15.2%) などはもちろん平均 (1.5%) にはるかに及ばない。以上は『ハンギョレ新聞』(2007年2月8日)。2006年現在、非経済活動人口のなかで特別な理由なしで休んだと答えた人は前年より3.2%増加したが、女性では3.2%減少した。求職活動をあきらめた人も男性で増加、女性で減少となっている。韓国統計庁発表 (『中央日報』2007年1月15日) による。
(10) ホァン・スギョンほか『韓国ノ賃金ト労働市場研究』KLI 政策研究シリーズ、2005年4月)。
(11) 経済危機以降のコーポレート・ガバナンスの変化を包括的に紹介している文献として、稲上毅・李旻珍・呉学殊・崔在東『韓国のコーポレート・ガバナンスと労使関係』労働政策研究・研修機構、2004年、を参照。
(12) ホァン・スギョンほか前掲書 (2005年) の第2章。
(13) ユ・ギョンジュンほか前掲書 (2004年) の要約。

特集　東アジアの労使関係

(14) チェとパクはその可能性に着目し、統計庁の非正規職の概念を批判しつつ代案として非定型職の概念を提唱した。チェ・ギョンス「非定型勤労者規模ノ国際比較」、パク・ギソング「非定型勤労者ノ測定ト提言」(いずれも『非定型勤労者ノ規模ト実態』韓国労働経済学会、2001年セミナー資料)。一方、統計庁の非正規職概念を支持しつつ過大推計ではないとする主張は、キム・ユソン『労働市場柔軟化ト非正規職雇用』韓国労働社会研究所、2004年、が代表的である。チェやパクの批判を認めつつも非正規職の概念を生かそうとする議論は次の通り。アン・ジュヨップ／ジョ・ジュンモ／ナム・ゼリャング『非正規勤労ノ実態ト政策課題Ⅱ』韓国労働研究院2002年。ジョン・イホワン（丁怡煥）／イ・ビョンフン（李秉勳）ほか『労働市場ノ柔軟化ト労働福祉』人間ト福祉社、2003年。
(15) 小倉一哉「非典型雇用の国際比較—日本・アメリカ・欧州諸国の概念と現状」(『日本労働研究機構雑誌』505、2002年8月) を参照。
(16) 前掲のジョン・イホワン／イ・ビョンフンほか (2003年) は、早速新しい統計を踏まえ前記の定義論争を実証的に検討している。ただし非正規職と中小企業の関連を明らかにしておきながら、その論点の重大さを吟味しようとしない。
(17) 前掲のキム・ユソン (2004年)、41-56頁。
(18) 経済開発期の労働政策に関する古典となっている、崔章集『韓国ノ労働ト国家』ヨルム社、1988年、が代表的である。
(19) 1980年の労働法改正において、企業別労組形態を強制するに至った経緯は明らかにされていない。参考までに断片的事実を二点挙げておく。1970年代に労働運動の象徴的存在となった清渓被服労組は中小企業の密集地区にある地域労組であった。また日本労働組合の企業別組織形態が欧米の観察者に注目され、協調的労使関係や高度経済成長に貢献していると広く認知されたのも1970年代である。
(20) 労働争議の統計にもその事実が現れている。実定法の手続きに違反した労働争議は1987年から1990年前半にかけて減少傾向ではあったが、特に従業員数1,000名以上の大企業の場合、労働争議の3〜5割がなお違法争議であった。その大半は民主労総系とみられる。イ・ジャンワンほか『韓国ノ罷業構造ト特徴ニ関スル研究』韓国労働研究院、2005年、21頁の表を参照。
(21) ク・ヘグン (具海根) 著、シン・クァンヨン訳『韓国労働階級ノ形成』創作と批評社、ソウル、2002年。
(22) とりあえず、拙稿「社会的合意か新自由主義か」(谷浦孝雄編『21世紀の韓国経済』アジア経済研究所、2000年) を参照。
(23) 詳細は同上拙稿を参照。金永三政権から金大中政権に至る労使政協議の経過や議論、資料を詳細にまとめている文献として、チェ・ヨンギ (崔榮起) ほか『韓国ノ労使関係ト労働政治 (Ⅰ)』韓国労働研究院、1999年とその資料編の2冊がよい参考となる。
(24) その辺の議論を政治的立場によって四つに分けて整理している、前掲の拙稿 (2000年)、129頁を参照。
(25) ノ・ジュンギ「盧武鉉政府ノ労働政策：評価ト展望」(嶺南労働運動研究所『連帯と実

践』2006年12月)。
(26) 例えば、労使協力有功者との昼食会 (2005年6月24日) において大統領は、「財界では労働者よりの大統領だから投資を忌避するとの話もあるが、そうした誤解は解消されるべきである。労働運動を若干助けたことはあるが、もともと (私は) 労働運動家ではない……」などと発言している。
(27) 前掲のノ・ジュンギ (2006年12月)。前掲の労使協力有功者との昼食会において大統領は、「正規職労組による解雇規制が強いので、企業が非正規職を増やすのもやむをえない選択」という認識を示した。
(28) 例えば、「みんな力でやり通そうとする。大統領としてそのすべてに譲歩するわけにもいかない」という大統領発言 (「5.18行事推進委員会」メンバーとの面談会 (2003年5月21日) において)。前掲の労使協力有功者との昼食会においては「一部では私が変わったというけど、変わったのは世の中である。産業構造だって変わっている。一体誰と闘うために小石を手にしているのか。我々も変わるべきである……労働組合が政権打倒を掲げるほど大きくなりすぎた」と発言している。
(29) ロードマップと労働側の対応については、全国民主労働組合総連盟『労使関係ロードマップノ問題点ト労使関係民主化ノ方向』(政策報告書、2005年6月13日)、同連盟『労使関係ロードマップノ総論オヨビ団結権』(対策会議資料、2005年7月6日)。労使政委員会『労使関係先進化方案論議ノ経過』(対象期間は2004年5月~2006年9月、同委員会ホームページ)、などを参照のこと。
(30) 民主労総側はそれを、「虚弱な産別体制をねらう様々な制度的装置」であると批判している。前掲の全国民主労働組合総連盟の会議資料 (2005年7月6日)。
(31) 前掲のノ・ジュンギ (2006年12月) は強硬派の代表的議論といえる。
(32) 前掲のイ・ジャンワンほか (2005年)、23-35頁。
(33) キム・ジョンホワンほか『2003年労働組合組織現況分析』韓国労働研究院、2004年。
(34) ジョ・ヒョレ「大企業労使関係ト労働組合ノ戦闘性」(『産業労働研究』11-2、2005年)。
(35) 例えば現代重工業の事例。同社労組は1987年以降激しい労働争議で有名であった。しかし1990年代半ばから経営側がしぶとい新経営戦略により労使関係の主導権を取り戻しそれ以来、経営主導の労使平和時代がつづいている。同社は経済危機においても整理解雇を自粛した。それはまずは良好な経営環境のお陰であるが、折角築いた労使関係の安定を崩したくないという目的も大きかったとされる。そのお陰で経済危機以降、労使協調的リーダーシップの基盤はもっと強固になったとされる (関係者への聞き取り調査 (2005年3月) による)。
(36) 前掲のジョ・ヒョレ (2005年) は、経済危機後の大企業労使関係にみられる様々なパターンを類型化している。
(37) 例えば、「座談:韓国労働運動ノ危機ト未来」(『労働ト社会』100号記念特集、2005年6月) は民主労総陣営の危機意識をよく表している。
(38) 韓国労働部の労使関係統計による。
(39) 例えば、労組代表の直接選挙、団体交渉において労組代表に妥結権を一任せず全員

投票にかける制度、労組執行部に対して代議員会によるチェックなどがあり、労組内部の派閥競争がそうした制度を活性化させている。民主化直後は経営側が労働組合をコントロールするために労組代表を脅したり買収したりすることが多かった。前記の諸慣行は意志決定の多くを大衆集会に委ねることでそうした攻撃を跳ね返す目的で作られた。

(40)　イム・ヨンイル『韓国ノ労働運動ト階級政治 1987-1995』慶南大学出版部、1998年、210-211頁。

(41)　ユ・ビョンホン「公益労連ノ組織発展論議ニツイテ」(『労働社会』1997年12月)。

(42)　同労組のホームページより。参考までに地域労組の一つ、南部地域労組 (1988年9月結成) の事例を挙げると、1997年現在、ソウル南部にある九老地区の機械工業の町工場、70企業230名を組織している。キム・ヒョンミ「産別労組：地域労組ガ先ヲ行ク」(『労働社会』1997年9-10月)。

(43)　前掲のユ・ビョンホン (1997年12月)。前掲のイム・ヨンイル (1998年)

(44)　パク・カンホ「言論産別労組ドコマデキタカ」(『労働社会』2000年8-9月)。

(45)　保健医療産業労組の歩みについては、カン・ヨンサム「病院労連ノ医療産別労組建設ノ現況」(『労働社会』1997年11月)。

(46)　例えば、労働法改正直後に民主労総の出した解説書、『改正労働関係法』(1997年4月、12-13頁を参照。

(47)　民主労総の広報担当者は「企業レベルの第二労組容認や労組専従者賃金禁止が来年から実施されるということで産別転換に勢いがついた。3年の実施延期となっては今後の行方が心配される」といった。『ハンギョレ新聞』(2006年9月12日)。

(48)　利害の相反する関係者間の妥協を促すためには、もし妥協案が出なければ政府が勝手に法改正を行うという圧力をかける必要があった。しかし政府側はそのようなシグナルを送らなかった。例えば金永三大統領は、経総の会長団や韓国労総の産別連盟委員長団を招待した昼食会において、関係者間の合意なしでは法改正をしないと明言した。法改正の先延ばしは可能と読んだ韓国労総は合意形成に消極的になった。ユ・ボ・ムサン (劉汎相)「労使関係改革委員会」(チェ・ヨンギ (崔榮起) ほかの前掲書 (1999年)、192頁。

(49)　前掲のイム・ヨンイル (1998年)、180-186頁。丁榮泰著・鄭章淵訳「民主労働組合運動の成長と政治活動」(法政大学大原社会問題研究所編『韓国労使関係の展開と現状』1997年、226-229頁) を参照。

(50)　例えば、前掲のノ・ジュンギ (2006年12月) の指摘 (同36頁) を参照。

(51)　キム・テヒョン「産別労組運動ノ現段階」(『労働社会』2003年4-5月)。

(52)　チェ・キュウドク「金融産業労組上半期評価」(『労働社会』2000年8-9月)。

(53)　イ・ジュヒ『産別交渉ノ実態ト政策課題』韓国労働研究院、政策研究シリーズ、2004年。ムン・ムギ、イ・スンオク『労組組織形態ノ多様化ト労働法ノ課題』韓国労働研究院、政策研究シリーズ、2004年。

(54)　イ・ミョンギュ「金属連盟ノ産別転換投票ト現代自動車デノ否決」(『労働社会』2003

年8月)。
⑸　全国金属産業労働組合連盟『金属労組新聞』53号、2006年7月 (同労組のホームページより)。
⑸　『ハンギョレ新聞』(2006年7月3日)。
⑸　『ハンギョレ新聞』(2006年9月12日)。

投 稿 論 文

1 建設生産における「責任施工」と職長 　　　惠羅さとみ
　　――「クラフト的生産」モデルにおける自律性と責任をめぐる問題――

建設生産における「責任施工」と職長
――「クラフト的生産」モデルにおける自律性と責任をめぐる問題――

恵羅さとみ
(一橋大学大学院生)

1. はじめに

　今日の経済社会では、その経済活動の単位となる組織形態が変化しているといわれる。官僚制的な組織間関係が、ネットワーク型の組織形態に取って代わり、大企業に対して小中規模の企業による網状の連携パターンが見られるようになる。企業は中核的機能のみを保持しつつその他の機能を外注化するようになり、結果としてアウトソーシング、派遣、自営、契約労働などが拡大している。このような変化は、技能にどのような変化をもたらし、また現在の社会構造・社会関係にどのような影響を与えているのだろうか。これが前提となる問いである。

　本稿が対象とする建設業において従来から指摘されてきたクラフト的労働・下請制・自営化などの技能特性・組織特性は、今日では既に特殊な形態ではない。むしろ現在では、建設業自体が、グローバル化経済における国家の規制緩和政策と競争的市場の拡大を受けて、他産業と同様の合理化圧力に晒されているといえる。先進諸国の建設業に共通した問題として近年指摘されているのは、下請制の重層化とそれに伴う労働条件の不安定化であり、また組織率の低下による労使協調あるいは技能育成といった既存の制度の崩壊である。そこでは技能に見合う雇用・労働条件が制度的に達成されなくなっていることが問題とされる。[1]以上のことからも、製造業の海外展開や国内経済におけるサービス業の拡大の一方で、建設業という古典的でありかつ今日的にも普遍的な組織形態を持つ国内基幹産業の変化の内実を明らかにすることは重要であると考える。特に、日本においては、建設業は歴史的に戦後の復興期から高度経済成長期における牽引産業としての役割としてだけでなく経済不況期における景気・雇用対策としても大きな役割を果

たしてきた。このような国家主導の建設市場が再編を迫られている現在において、その基盤となる制度的成り立ちと変容を明らかにすることは、国内における労働・産業研究だけでなく特定産業を対象とした国際比較研究に向けても求められているだろう。

本稿の目的は、建設業において「責任施工」と称される、生産における今日的な自律性と責任のあり方を検討することで、生産組織の外部化がもたらす管理・監理機構の空洞化と制度確立おける矛盾を指摘することである。特に、焦点を当てているのは近年の現場運営のあり方の変化とその中で職長が担う機能の変化であり、官僚制的あるいは垂直的に統合された組織形態ではなく、より重層化・外部化し市場の圧力に晒される生産組織において、個人という主体に課せられる重複した責任を明らかにしたいと考えている。同時に、このような生産組織を成り立たせている建設業に特有の技能と管理体制のあり方について、先行研究による理論的整理を踏まえた上で、今日的な問題点を指摘したい。

本稿で取り上げる事例は、2003年1月から2005年10月にかけて、全日本建設交運一般労働組合からの委託としてNPO法人建設政策研究所により実施された「野丁場調査」[2]の一環である。当調査では、1990年代後半以後の建設市場の縮小の中で、専門工事業者が直面している現状と現場の実態を明らかにするため、職種横断的な聞き取り調査を行った。また分析においては、業者団体、専門工事業者、下請業者、職長など各主体の立場から見た現状認識に注目している。

以下では、分析の手順として、まず技能をめぐる理論的系譜において建設技能と建設生産組織の特徴を整理する。次に、日本における先行研究から日本の建設業における「責任施工体制」の進展を概観し、調査の前提となった1990年代後半以降の建設生産システムの特徴を指摘する。その上で、調査結果から専門工事業者の現状、専門工事業者と職長の関係、現場運営の変化における職長会の機能を考察する。またこれらの実態を受けて、制度面からの新たなルールづくりである「基幹技能工」制度をめぐる近年の動向を取り上げる。最後に理論的なフィードバックを試みる。これらの分析により、調査によって明らかになった生産組織の特徴と現場における技能者の役割の変化を、日本の重層下請制の進展の中に位置づけるとともに、技能と管理をめぐる理論的分析に対して建設業を事例とした考

察をも試みたいと考えている。

2.「クラフト的生産」モデルとしての建設業

　技術変化あるいは職場の合理化が技能に与える影響については、まず以下の二つの対立的見方がある。Braverman（1974）から始まる downgrading 説では、技術変化は職場における熟練労働を解体し労働者の技能を低下させると捉えるが、一方の upgrading 説では、生産技術の発展によって技能の質的変化が起こり労働者の職場での決定能力が増すため、監督者や技術者ひいては経営者との間により協力的な関係が生まれると肯定的に捉えている。しかし、技能の概念を批判的に論じた Vallas（1990）によれば、この議論を二項対立的であると捉えるのは、それ自体が技術決定論的な見方でしかない。というのも、downgrading 論者は、むしろ社会関係が技術を形成するという立場を取っており、ゆえに大量生産だけでなく情報産業など新たな職場においても、実際は労働過程における構想と実行の分離が強化されており、労働者の管理者への従属が継続していると主張するからだ。これに対し、70年代以降に議論されたヘゲモニー的レジームによる労働管理システムは、[3]必ずしもテイラー主義という前提に基づかないものである。この管理システムは、内部労働市場における競争を促進することで労働者を分断化・階層化し、同時に労働者の労働過程における自律性を一定程度許容しつつ自発的自己管理を促すものである。この管理システムは官僚制的管理とも称されるものであるが、Vallas によれば、技能の概念を論じる上では、これらの論者もクラフト労働を理想視しその排他性やセクショナリズムは考慮していないという欠点がある。つまり、単に自律性を持つことによってのみクラフト労働として評価するのではなく、その自律性が持つ社会的政治的関係を問うこと、クラフト労働とはそもそもどのようなものなのかをまず明確にしなくてはいけないと示唆しているのである。ゆえに、技能概念の再構成に対して彼が提示するのは、職場の技能内容における自律性と管理をめぐる直接的な相互関係から距離を置いた、様々なレベルにおける社会関係である。例えば、彼が課題として挙げているのは、生産組織が機械化や合理化を導入するに当たって国家経済・教育システム・政治機構がその決定に与える影響、社会的構築物としての技能概念、技能分化が階級形成に

果たす役割、を明らかにすることである。

　建設生産はそもそも下請け制を慣行とすることなどから、上記のような内部化された労働市場を前提とした管理体制とは異なる組織形態を持つと捉えられやすく、またその技能が単品生産・空間的拘束といった産業特性に規定されるため、上記のような技術変化と技能という文脈では語られにくい。ゆえに、社会学的な観点から系統的に建設生産・建設技能に正面から取り組んだ研究は多くないが、先行研究を見ると、上記のような技能をめぐる議論に対し、独自の示唆を与えようとするものが指摘できる。

　例えば、かつて Stinchcombe (1959) は、建設業は季節的な変動を伴うために、官僚制的管理ではなくクラフト的管理によって遂行されるが、このクラフト的管理は合理的管理という意味においては官僚制的管理に機能的に同等であると指摘した。つまり、建設業においては現場でのコミュニケーションを重視した職人の社会化による生産管理が、変動に対してより効率的であるゆえに、官僚制的管理に替わって採用されているという。これに対し Eccles (1981) は、Stinchcombe (1959) の分析が変動性とクラフト的社会化との間の関係性を明らかにしていないと批判し、むしろ建設業における下請制はクラフト的管理とは分析レベル上において区別すべきものであると主張する。Eccles によれば、建設業の生産においては、季節性、ビジネスサイクル、地域的限定性などに帰因する変動性だけではなく、複雑性・市場範囲・プロジェクトの規模といった特徴が下請制という組織形態を規定しているために、結果として官僚制的管理とは異なる形態が発生しているが、この下請制自体は官僚制化と矛盾するものではない。その例として、元請となる大規模企業は管理者に区分される自営業者を多く抱え、また大規模プロジェクトにおいてはエンジニアや科学的技術者といわれるような専門家が多く必要とされることを指摘している。また同様に、Silver (1986) は、労働組合員に対する調査を通し、多くの回答者が請負業者が労働過程において指示や監督を行っていると回答していることからクラフト的管理は官僚制化されていると主張した。

　Steiger & Form (1991) は、この対立的な視点を整理した上で、どちらも労働過程の内実を問うていないことを指摘し、改めてクラフト的管理が官僚制的管理

と異なる基礎を持つと主張している。Steiger & Form によれば、建設生産過程における管理方法は、官僚的あるいは技術的手段を伴わず、クラフトイデオロギーを媒介にしているという特徴がある。つまり、技能と管理をめぐる議論で見たような、テイラー主義的管理でもなく、またヘゲモニー的レジームによる管理でもないという位置づけである。その代わりに、部品化した部材と、responsible autonomy を強調するクラフトイデオロギーを賞賛することで、総合工事業者（元請）による下請制を利用した管理が行われているという。確かに元請監督は図面と施工図で生産を管理するが、現場ではしばしば職人により不備が指摘され修正される、あるいは指示とは異なる実質的に有効な施工方法がとられている。結果、総合工事業者は下請企業を監視するだけで、労働組織には間接的責任さえも負わず、下請制はプロジェクトの責任と経済リスクを分散させ、工期のみを規律強化する仕組みとなっているのである。つまり、建設業ではクラフト労働に対して自律性を一定程度許容するに留まらず、それを外部化しつつ最大限重要視しているといえる。加えて重要なのは、ここではクラフトイデオロギーゆえに、下請は自律性と労働過程における権限の維持する代わりに、生産の責任と経済リスクを末端で引き受けているという点であろう[4]。一方で、Steiger（1993）は、技能の概念の再構築の議論を受け、建設技能についてそのイデオロギー性を以下のようにも指摘している。彼によれば Good craftman とは道具の保持とそれを使いこなす技能に象徴されるものであるが、それに留まらず、技術変化によって材料や道具の変化が起こった際にも特定職種の社会的閉鎖性を維持することによって、その地位集団が獲得する賃金・権力・特権などを正当化するイデオロギーを伴うものである。

　このような建設業の技能と生産システムは、80年代の柔軟性の議論における新たな「クラフト的生産」の文脈においても議論されている。Piore & Sable（1984=1993）は、「柔軟な専門化 Flexible Specialization」として先進諸国の労働過程における職務の再統合と自律的労働組織による新たな「クラフト的生産」への移行を提唱しているが、建設業を大量生産体制モデルの対抗原理の例証として筆頭に挙げている。Piore & Sable が建設業を語る際に、そのモデルの基礎となる技能として挙げるのは、「特定の材料を対象とする長年の経験によって培われた共通の原理を適

応することによって、多様極まりない作業を遂行することができる (1993:157)」能力であり、加えて労働過程の性質については、「経営側と労働者の間のこの協力関係のゆえに、幹部と労働者それぞれがもつ責任は、仕事のレイアウトに関する実質的な問題としばしば区別できなくなる。すなわち、責任と権利のシステムをどう分配するかは、建設の過程に即して組み立てられるのである (1993:159)」という協力関係を指摘する。Piore & Sable によれば、「クラフト的生産」を維持する重要な特徴はコミュニティの閉鎖性であり、その中でのミクロ調整機構は、経済と社会の分離ではなく、コミュニティの絆の活性化することでなされる。賃金・労働条件の安定もこのメカニズムに支えられている。この楽観的産業モデルに対して、Winch (1994) は、建設業の競争的市場における労働条件の内実を問うことで反論している。Winch によれば、建設業では生産性向上に限界があり、柔軟性を提唱する論者が重要視するような企業の生産量を柔軟に管理しうるネットワーク型生産組織形態は、建設業においては雇用保障の欠如、あるいは自営化に伴う失業の隠蔽などに帰結していると指摘する。この批判は、「柔軟な専門化」に対する批判というよりも、その後に続く、経済規制あるいは組織間・地域間における産業政策的視点を考慮しない組織論者に対する批判として出されている。

　この建設産業モデルをめぐる議論は、労働過程における技能と管理の問題を超え、生産を支えるより広範な経済社会体制をも議論の対象としているという特徴がある。労働過程論においてはあまり議論されることのなかった建設技能であるが、近年の技能概念の再構築、及び「クラフト的生産」の議論においては、新たに合理化圧力に晒されつつあるクラフト労働として問われるようになってきたともいえる。

　以上の議論を整理すれば、これまで建設業をめぐっては以下の二つの問題レベル——下請制を前提とした労働過程論における技能と管理の問題、及び近年のグローバル経済下での特定の産業再編成における新たな組織形態——があり、共に肯定的・否定的見方が並存している状況にある。加えて、この二つの問題は、現在の建設業においては密接に連関しており、複雑な組織間関係・労使関係の変容をもたらしつつあるのである。

3. 日本の重層下請制における「責任施工体制」の進展

　日本では、これまで独自に建設業における技術革新と生産組織の変化についての研究が蓄積されてきた。日本の建設業における下請制は、戦後に始まる生産の大規模化・技術革新の中で重層的に発展してきたものであり、国家による公共投資政策を背景に労働協約等によって規制されない流動的な労働市場によって構成されてきた。先行研究においても、技術変化の影響を分析する際には、必然的にこの日本的な特徴との関連の中で考察される。ゆえに、技能変化および組織変化を近年までの合理化過程との関連で系統的に考察することが可能となっており、このことはこれまで整理してきた理論的な文脈にも合致している。以下では先行研究から、本稿の対象とした調査分析が前提とするこれらの歴史的・構造的文脈を整理したい。

　まず合理化研究の最初の代表的なものに、『佐久間ダム』(1958) が挙げられる。佐久間ダムにおいては、近代技術の導入が土工などの旧職種の熟練を解体する一方で、機械工などの新職種が出現し、職種の作業内容の細分化・専門化・曖昧化が発生したことが指摘され、加えて労働時間の平準化などを例に生産管理が分析された。1970年代になると、これら技術変化を日本特有の重層下請制や間接的労務統括機構と結びつけて分析しようとする試みがなされる。高梨ら (1978) は、1970年代初頭の下請制の変化と労務統括機構の再編成を分析した。この時代には、元請を軸とする技術革新が二次以下の下請化を促進し、その系列化が進むと同時に、世話役の機能が不熟練労働力の募集・統括機能を強め技能養成機能を弱めていくと指摘されている。また、越田 (1984) は、ダム建設工事における生産技術の変化について、1978年に策定された「元請・下請関係合理化指導要綱」(旧建設省) が方向づける下請企業の選別・育成による下請施工責任能力の強化と合わせて分析している。越田の指摘によれば、この過程では、労働過程における作業の標準化と「多能工化」が同時に進み、管理側は労働者に対して「自発的」な労働強化を導く「小集団活動」を実施させることを通じて、労働強化と生産性の向上を目的とする TQC (Total Quality Control) 運動に労働者を編入していった。このように、1970年代は技術革新による下請系列化と下請による施工責任の強化が確立する

一方で、労働過程においては標準化・「多能工化」・労働強化が進められた時代であった。

続く1980年代は、下請による責任施工がより進展していく過程である。大規模工事現場を対象とした木村 (1997) は、1980年代半ばに施工された地下鉄シールド工事における「責任施工体制」を下請企業タイプ別に分析している。木村によれば「責任施工体制」の進展と元請職員の削減は、固有技術を保持する企業に対しては「管理技術」が自主管理として任され、一方の労務供給を主とする企業に対しては作業手順・作業員配置・工程管理などが任されるという変化を伴っている。また、筆宝 (1987) は、1980年代の建設構造不況における元請企業による経営効率化と「責任施工」圧力の帰結として以下の点を指摘している。一つに、結果として下部末端業者を増加させたこと、また一つに、重層下請制と間接労務管理の存在は、技術革新などの合理化による生産力条件の改善を労働条件の改善結びつけることなく、日本の建設業における重層下請制は「封建制の遺産」というよりも「合理化」論理のあらわれとして捉えられるという。このように、1980年代においては、下請による責任施工が元請自体のリストラによる管理機能の下請への移転と同時に進められていたことが分かる。

そして1980年代後半になると、バブル期の大型プロジェクトの大手元請企業による特命受注・設計施工の下で「責任施工体制」がより重視されていく一方で、技能労働者不足が顕在化していくという新たな側面が見られる。また、1990年代の建設労働を系統的に研究した佐崎 (2000) の図式では、「責任施工体制」においては、年代を経るにつれ、施工管理における元請企業の機能は小さくなり、施工監理及び管理機能が下部へ下部へと移転されていく流れがある。そして、近年では一次下請であっても労働者の直接雇用を削減し、技術管理は二次下請以下の施工グループあるいは職長に担われており、職長であっても雇用形態は一人親方的な請負契約であることが多いという現状がある。

また1990年代に入ると、バブル経済崩壊に伴う不況の中で、元請下請関係にも変化が見られるようになった。これは以前のような合理化過程の生産過程における機能移転に加え、マクロ的な市場の変化による直接的影響をも含んだものである。椎名 (2001) によれば90年代の元請下請関係の再編・淘汰は、下請として

受注される工事割合の拡大と、元下系列取引関係への競争圧力の増加として現れている。同様に小関ら（2003）は、首都圏における小規模零細建設業者と労働者を対象にした聞き取り調査から、現在では元請・下請関係に市場の原理がより強くなったと指摘している。かつては、特定の元請と下請企業は、協力会の形成などによってある程度の継続した取引関係を前提としていたが、現在では下請建設業者間の競争が厳しくなり、その経営が不安定化しているという。また、その中で技能を育成する余裕がなくなっていると指摘されている。また一方で、元請企業における技術的空洞化も指摘されるようになった。浦江（2005）は、元請における管理技能の伝承が困難になっている要因として、現場技術者の量的削減、経験を積んだ現場技術者のリストラ、90年代初頭の新卒採用の手控えによる中間年齢層の空洞化、施工図作成の外注化などを挙げている。施工図は、かつては現場の管理技術者が作成するものであったが、好況における事業量の拡大に伴って元請技術者OBなどによる外注化が進展し、現在では現場に常駐する外部の施工図作成者によって作成されており、現場施工管理における不備の一要因となっている。

　以上が、調査の前提となった現在の建設生産システムの特徴である。指摘すべき点は、「責任施工体制」が、一方で機械化・平準化・多能工化というような技術革新に支えられており、これは労働過程における de-skilling をも同時に引き起こすものであるが、元請下請関係においては下請への技術管理機能の移転という側面を伴うものであるということだ。このことは、実際の現場において一次下請あるいは二次下請に雇用される技能者がより一層重要な役割を担うという変化にも繋がっている。また一方で、近年では、政府の財政改革などによる建設市場縮小というマクロ変化の影響も考えなくてはならなくなっている。このように、建設生産システムを語る上では、分析単位・分析レベルを常に意識する必要がある。

4. 近年の建設生産における専門工事業者、職長の機能・役割──調査結果から──

(1) 調査の概要

　以下で取り上げる事例は、前述した通り、2003年1月から2005年10月にかけて、全日本建設交運一般労働組合からの委託としてNPO法人建設政策研究所により

実施された「野丁場調査」の一環である(注(6)参照)。著者は、2003年8月から当調査に参加し、主に首都圏において、建設業に関わる業者団体6団体、専門工事業者5社、施工図下請け業者1社、一人親方・労働者11名への各1時間～2時間程の聞き取り調査に参加するとともに、2003年8月から2005年10月にかけて週2～3日程度、建設関連の労働組合が共同出資する同研究所での業務への参与を通して職長による職種横断的議論を各2～3時間計3回にわたり聞くことができた。[5][6]

先行研究と比べ、今回の調査では、特定の現場あるいは職種に制限せず、職種横断的な聞き取り調査を重ねているのが特徴である。また、本分析において重点を置いたのは、各主体が現状をどのように認識しどのような戦略で動いているのか、また将来的な展望をどのように描いているのかという点である。以下では、調査から明らかになった生産システムあるいは現場における変化を、これらの専門業者団体・専門業者・職長・労働者といった様々な立場による現状認識と照らし合わせながら考察したい。

(2) 専門業者の立場から見る1990年代後半以降の変化

1990年代以降の建設投資は、1996年をピークに1997年から減少傾向に転じた。これは民間投資の一層の減少に加え、これまで投資総額を下支えしてきた公共投資の削減によるものが大きい。加えて、2001年度以後の財政改革では公共事業関係費の削減により公共投資の減少幅がより一層激しくなっている。このような構造変化を受け、建設市場はこれまでにない縮小を迫られることとなった。

調査では、躯体3職種（とび・土工、鉄筋、型枠）の専門工事業者団体及び専門工事業者の聞き取りを行ったが、1990年代後半以降の変化について以下の点をまとめることができる。第一に、専門業者団体の立場から見ると、市場の縮小による仕事量の減少とそれに伴う企業の経営の悪化は業者団体による組織化をより困難にしている。各業者団体は、会員企業の倒産等により会員数を半数近くまで減じており、これまで排除していた中小規模業者までも含めた会員対象の拡大の検討を迫られているところもある。安定した市場や契約関係を前提にするのではなく、職種全体としての適正な契約関係をいかに再確立するかという新たな問題

に直面するようになったといえる。それは、以下に指摘するように元請からの圧力が様々な面で増加しているという現状があるからだ。

　第二に、個々の下請専門業者が置かれている状況を見ると、仕事量の減少に加えて、単価の切り下げと下請業者によるコスト負担の増加が顕著となっている。例えば、「マンションの坪単価はバブル期に100万円だったものが、現在は40〜50万円と半分以下になっている（とび・土工業者）」、「単価がバブル以降、毎年5％下がっている。トン当たりの単価ではピーク時に7万2千円だったのが、現在では3万6千円前後と、約半分までさがっている（鉄筋業者）」などである。同時に、元請による利益の吸い上げや経費やコスト負担については、「現在は、こまぎれ発注をするから、元請もずるくなってきて、最初の期間と比べ後に請け負う部分を安く言ってくる（型枠業者）」、「色々な仕送りが多くなった。駐車場・生活などに関する専門業者の費用負担がでてきた。施工方法を提案して、生産性を上げても、成功したとしても、かすめとられるような。バブルのころはもらえたけれど、今は儲かっているのだから、単価を下げろ、となる（とび・土工業者）」というように、生産性の上昇が下請の単価上昇に結びつかない状況がある。

　第三に、現場での利益創出においては、これまでの「責任施工体制」に加え新たな提案が求められるようになってきている。工法の変化や工期の短縮などを通じた生産性上昇圧力がこれまで以上に強くなってきているからだ。特に、工期の短縮については、施工計画時に専門工事業者が元請に提案すべき重要事項である。というのも、「いかにあそびのない工期、隙間のない工期をつくるかは利益に結びつくから、目に見えたコストダウン（とび・土工業者）」であるから、まだ受注していない工事についても、何日短縮可能かという提案を行う場合もあるという。また、工法の変化については、高層建築のプレキャスト化や橋梁工事における現場に隣接した工業化・部品化など、機械化による、より一層の合理化の傾向が指摘される。

　第四に、以上のような更なる合理化圧力は、職人を抱える専門工事業者にとっては矛盾した戦略を迫られることになる。例えば、一次専門業者にとっては、合理化工法は独自の技術提案として契約上の利点となるが、労働過程においては、現場技能工の削減や周辺的タスクを担う多能工化に繋がり、一方でコンピュー

ターや専門的技術が要請される側面も指摘されるものの、習得コストは専門工事業者や職人自ら負うものとなっている。元請技術者の空洞化の中で、職種をまとめる職長への負担はより大きくなる傾向にあり、専門工事業者に経営戦略を聞くと、どの職種もいかに「責任施工」機能を強めるかというところに重点を置いている。その中で、職人の労働条件や技能育成については、最も矛盾を抱えている点である。例えば、とび・土工業者の話では、技術提案は常に求められ、いい職人を持つと指名がくるほどであるが、一方で職人は高齢化している。その理由として、実際の経営上は材料をいかに安く調達し、職人に単価意識を浸透させるかが一番重要であるため、技能者育成についてはコスト負担を考えられる経営状態ではないという現状がある。[7]

(3) 専門工事業者における職長の雇用形態とその機能

　以上のように、現在の「責任施工体制」においては、技術革新の一方で生産過程における技術及び管理の機能を下請に移転していくだけでなく、現場施工における合理化圧力がますます増加するようになっている。このことは、管理技術者の空洞化の中で、専門工事業者が抱える技能者、特に職長への依存を引き起こしている。以下では、専門工事業者と職長に焦点を当て、まずその関係性と役割について整理したい。

　重層下請制の下で職長が担っている役割とは、具体的にどのようなもので、また近年どのような変化が見られるのだろうか。まず重層下請制は、様々な雇用契約関係を伴い、職長の雇用形態も一様ではない。職長はその雇用関係から3類型に分類されている。[8]
　① 労働者タイプ…会社と雇用関係にあり月給制または日給制、労働者募集はしない。
　② 中間タイプ…場合によって手間請、あるいは日々雇用される。自らも労働者募集をする。
　③ 経営者タイプ…会社と請負契約にあり、自ら労働者を募集し、面倒を見る。
　この3類型は明確に分かれているものではなく、例えば会社と雇用契約にある場合でも、厚生年金などの社会保障に加入していることは稀である。また日給月

```
                    一次下請
                   ┌──────┐
                   │ 社 長 │
                   └──┬───┘
                   ┌──┴───┐
                   │ 専 務 │
                   └──┬───┘
    ┌──────┐   ┌────┴────┐   ┌──────────┐
    │総務部長│───│ 工事部部長 │───│加工運搬部長│
    └──┬───┘   └────┬────┘   └────┬─────┘
    ┌──┴───┐   ┌────┴────┐   ┌────┴─────┐
    │総務1名│   │ 材料1名  │   │運転手5名 │
    └──┬───┘   └────┬────┘   └────┬─────┘
    ┌──┴───┐   ┌────┴────┐   ┌────┴──────┐
    │賄婦2名│   │ 職長4名  │───│加工場作業員16名│
    └──────┘   └────┬────┘   └───────────┘
               ┌────┴─────┐
               │工事部作業員10名│
               └──────────┘
```

協力会社（二次下請）

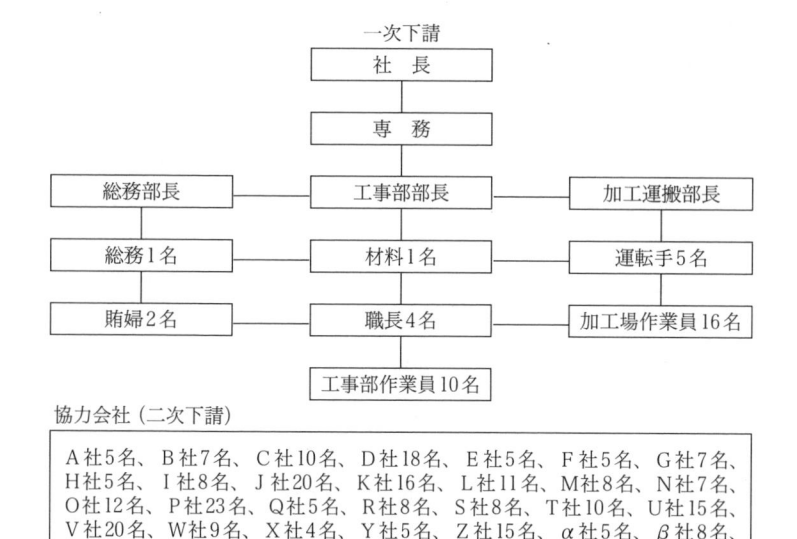

A社5名、B社7名、C社10名、D社18名、E社5名、F社5名、G社7名、H社5名、I社8名、J社20名、K社16名、L社11名、M社8名、N社7名、O社12名、P社23名、Q社5名、R社8名、S社8名、T社10名、U社15名、V社20名、W社9名、X社4名、Y社5名、Z社15名、α社5名、β社8名、γ社5名、δ社5名（L，R，X 3社は北海道からの季節工、聞き取りはW社の職長）

会社組織図

給制の職長であっても、仕事が空けば自分で仕事を探す、あるいは応援などの手間請けを引き受けるなど、短期的な仕事量の増減もまた契約のあり方を左右する要因となっている。

　特に、近年では、1990年代後半以降の急激な建設市場の縮小の下で、従来以上に雇用・契約形態における外部化圧力が増している。このような現状において職長の雇用形態と役割がどのように変化しているのかを明らかにするために、調査では、一次下請である専門工事業者O社（鉄筋・年間売上高13億円・年間生産高2万トン）の副社長と、その協力会社（二次下請）であるW社の職長H氏（39歳・職歴20年・既婚）に対して聞き取り調査を行った。

　会社組織図を見ると、O社も直用の職長と作業員を抱えており、協力会社として30社の二次下請を抱えている。これらの二次下請の多くはかつてO社に直接雇用されていた職人が、次第に職長として独立し、請負化した経緯を持つ。W社の独立は約20年前で、現在H氏は一人親方として常用されておりH氏の兄が社

長を務めている。

　一次下請O社と二次下請W社は、トンいくらの請負契約であるが、直接雇用からの専属独立化という経緯もあり、現在でも組織的に密接に連携している。O社とW者の役割分担を整理すると以下のようになっている。O社の役割は主に、①元請への営業活動、②元請との見積・受注契約、③二次下請への発注、④二次下請に対する仕事の調整、⑤材料の管理・加工・運搬、⑥元請からの要請処理、⑦労働者に対する福利厚生、などである。一方、二次下請であるW社の役割は主に現場の組み立てであり、また職長のH氏自身の請負仕事としては図面拾いがある。[9]

　一次下請O社は、直接雇用の職長と現場部隊を持つが、H氏によれば、これらの職長と二次下請職長の実質的役割はほとんど同じで、雇用形態が異なるだけだ。前者に対する健康保険・厚生年金が2年前に廃止されたため、一次の職長であっても賃金・社会保障ともに二次下請の職人との差が曖昧になってきている。

　さて、職長H氏の役割は大きく三つに分けられる。第一に、現場職長としての役割である。現場の規模が大きくなると管理者として他の職人の作業チェックにまわり、10人未満だと自らも作業する。大規模現場では図面拾い専門になる場合もある。現場において、元請に対しては元請監督者の判断が違えば意見し、職人に対しては職長会からの指示を作業者に伝え、また見習の指導をし、職人からの要望を元請に伝えるというように、中核的な役割を果たしている。

　第二に、一次下請の職長としての役割がある。実際の雇用形態は二次下請に常用される（継続的に契約関係を結ぶ）一人親方であるが、現場の職長会には一次下請の職長として参加している。他の二次下請が担当する現場の図面拾いも請け負い、一次下請O社はその数量に基づいて元請と契約している。また、追加工事の際に、H氏が元請と直接やりとりする場合もある。これは、O社とW社が実質的に一つの組織として動いているからで、協力会社の職人は皆、現場で一次の名前入りヘルメットを着用しており、名刺にも一次と二次の会社名が記載されている。

　第三に、二次下請の経営者としての役割がある。図面から算出したトン数に基づいて一次下請との労務費などを含めた事務管理を行うなど、W社の経理を一手に引き受けている。

このように、H氏の働き方は、現場監理・現場作業・図面拾い請負・二次下請の経営業務など、多岐に渡り、また一次の職長・二次の職長・一人親方・経営者というように、役割に応じて様々に立場を変えている。このような個人に与えられる複数の役割は、現場施工体系図や一次が作成する組織図などからは読み取れない。一方で、H氏自身としては、以前会社を経営し営業を行った経験もあり、一人親方としての意識が強い。

一方で、現場における近年の変化については、作業量が多く単価が厳しくなっていること、また元請監督者が仕事を理解しておらず不可能なことを指示してくるために反論や説明をしなければいけなくなっているという不満がある。

以下では、職種横断的な聞き取り調査から、特定職種に限らず、最も問題が集約されつつある現場の労働組織に焦点を当てることで、近年の現場変化に伴う職長の任務や責任の変遷と、それに対する職長の意識を見ていきたい。

(4) 元請監督者の能力の低下と職長への負担の増加

上記では鉄筋の事例を見てきたが、一般的に、現場における職長の仕事は以下のような項目である。

①班員の出面・出退勤の管理
②作業員の能力、気質の見極め・評価
③作業の難易度を考慮した作業員の手配・配置と、作業内容の指示・チェック
④作業図面の作成
⑤作業員の賃金管理
⑥安全管理対策
⑦作業進行に伴う資機材の手配
⑧図面拾い
⑨職長会議への出席と決定事項の伝達
⑩多職種との工程段取り
⑪作業員のOJT
⑫班員同士のレク・現場での福利厚生等の配慮

(建設政策研究所編 1997、52頁の項目リストを加工。)

また、現場以外においては、班員の採用、班員の賃金の評価や決定、仕事を探すなどの営業、を行う場合がある。「下請責任施工」の進展につれ、これまでも職長の役割の重要性は増加していると指摘されてきた。その要因として、上述の項目を見ても分かるとおり職長の役割が現場内外に及んでいること、また自ら作

業を行う一労働者としての立場だけでなく、現場の労務統括や施工監理責任者として、あるいは経営者としての立場にも置かれていることがある。職長が仕事を確保し、適正な単価を獲得することは自らの生活の維持だけでなく、他の職人の賃金確保のためにも重要である。しかし、現場の仕事が終了し人工が決定しなければ賃金が決定せず、また「直し」が必要な場合に職長が費用を負担する場合もある。職長同士の調整や駆け引きは現場の効率的な進行と出来を左右するが、同時に、請負単価が決められ様々な費用が下請負担となっている状態において、いかにコストを抑え利益を得るかということも職長の重要な責任である（建設政策研究所 1997）。

今回の職種横断的な職長への聞き取りでは、上記の特徴に加えて、元請監督者の能力が低下したこと、また現場の合理化・工期短縮に伴う調整が増加したことで、職長に任せられる責任・負担はより深刻なものとなっていることが明らかになった。

元請の管理者の能力の低下によって発生する問題点として指摘されたのは、例えば、監督の知識・経験が不足しているために施工が不可能な図面を出してくるので仕事にならない、段取りが上手くないために職種がバッティングする、適切な手順で作業が進まず結局は補修によって手待ちとなる、などである。以前はこのように現場の都合で仕事にならなかった場合には、「常用証明」が出され、賃金保障がされていたが、現在では作業証明のみで常用証明を切らなくなっている。そのようなことをしていたら、事例が多すぎてとても元請としてもやっていられないのだという。

また、工期の短縮によるしわよせも顕著である。例えば、電気設備の場合、元請監督がその作業内容を何も分かっていないため通常であれば「軽天を張ったから明日電気」などと設定される工期が明示されず、設備分野はつらい立場に置かれている。工程に合わせて作業員が現場に来なければ電気を入れずにボードを張ってしまうなど、後戻り工事が当たり前に見られるという。元請監督による工程管理がない場合は職長自ら調整するしかないが、職種同士のコミュニケーションが充分でなければ、円滑でない人間関係がそのまま工程作業の進め方に影響することになる。型枠など強い立場にいる躯体関係の職長によれば「たまに現場に

来る電気・設備は、昼休みなどにきちんと躯体関係の職長に挨拶や工期調整に顔を見せなければ、いじめられる立場にある」からだ。とはいえ、職種によらず、どの職長も元請の管理能力の低下に対して不満を持っているという点は共通する。というのも、非効率的作業・やり直し・不具合があったとしても、その費用などは下請にしわよせが来るし、工期がないので人工を増やせば、結局は下請が赤字として持たなければならないからだ。また、職長という立場上、打合せや現場作業チェックなどに時間をとられ、自らの作業時間が削られ、無線代わりの携帯電話代も自己負担しなければならない。

　これらの現状において、職長は、自ら作業する労働者として求められる効率性、現場の工程管理・監理者としての能力、職種間の調整を担うコミュニケーション能力、また短い工期の中で限られた人工で利益を上げるという経営者能力を必要とし、自らを管理・監督する経営主体として現場の施工を担うことを求められている。

(5) 現場における職長会の質的変化

　このような職長にかかる責任の拡大を見れば、中核的な役割を担う職長の性質ゆえに、元請の管理・監理能力の低下の一方で、逆に現場における職長の権限が増しているのか、と問うこともできる。しかし、現場での立場を聞くと、多くの職長は逆により厳しくなっているという意識を持っている。その事例として、現場の職長会の変化が挙げられる。

　元請は短い工期の中で利益を挙げるために職長に多くの負担をかけているが、一方で安全面においては事故などを防止するためのKYK（危険予知活動）を推進している。職長会は、そもそも現場での安全自主管理を目的として組織されたものであるが、近年、職長の責任が大きくなる中で、この職長会に求められる責任や役割も変化しつつあるという。

　職長会とは、そもそもは一次下請が、各現場に安全協力会を設け現場の安全衛生協議会への出席や自主安全巡視を行うために、日常的に活動する組織として二次下請の職長による職長会を設けたのがその成り立ちである。組織的には、形式的に各業種の一次下請業者により構成され、中心メンバーは躯体業者で主に型枠

あるいはとび土工の元請専属性の高い業者であるが、工事の進捗に従い設備業者、内装業者などが加わる。基本的な活動内容としては、月一程度の職長安全パトロールを行いその結果を元請に報告し、それぞれの二次以下業者に注意事項の指示を出すというものである。

　現在、元請の現場監督の経験・能力が低下する中で、この職長会がしっかりしているところは現場が効率良く進んでいくが、そうでない場合は現場が乱雑となり仕事の後始末に手間がかかるという。この現場運営の効率化は、自らの利益確保という面でも死活問題である。

　その一方で、現場や職長会の変化は職長自身の負担を増加するという側面がある。職長になると打合せやチェックなどに追われて仕事をする時間がない。元請の若い監督が、作業の判断や指示をその場で出せず事務所に戻って確認に1時間取られるとすれば、現場の職長は図面をもって現場を走り回り無線代わりの携帯を使って直接事務所にいる管理者あるいは職人同士で連絡を取り合っている。このように、コミュニケーション手段が変わる中で、元請の若い監督が現場での話し合いを見て現場監理を学んでいくという経験もなくなっている。また、職長会に入ると、1日に何度も安全パトロールに駆り出され、各職長に役割が割り当てられる。例えば、「車両委員」になると、朝6時に駐車場で駐車料金のチェックや車誘導などをさせられ、「清掃委員」になると現場の掃除を割り当てられるといった具合である。また新規入場者受け入れに関する業務なども担う場合もあり、職長になると後片付けや書類の整理にも追われ、現場によっては7時半からなどと朝礼開始時間も早まる中で、一番早く現場に行き一番遅くまで仕事に追われるというように、長時間労働・労働強化にも繋がっている。また、費用や責任の面でも負担が増しており、先ほど挙げた携帯電話代に加え、職長会費や駐車場代・ゴミ代（産廃処理代）などの金銭的負担があり、特に職長会費については、主に交流費を名目に取られるが、清掃用具やトイレットペーパーなどの現場経費に当てる現場もあるという。もとより、現場事故が起きた際には適切な指導をしなかったと職長の責任にされるなど、職長は何かあると責任のみを押しつけられる構図に置かれている。

　このように現場の職長会は、そもそもの一次下請による安全自主管理という役

割を超えて、現在では元請が本来行うべき周辺業務や管理を担う下部組織として運営されていると捉えることもできる。また、現場作業を進める中核的役割として捉えるならば職種間の水平的調整組織としての可能性を持つが、一方では、職長会の内部にも、会長や役職には固定したメンバーがつく、それぞれの現場には所長のおかかえの職長が入る、などの力関係が存在している。

5. 「基幹技能者」制度をめぐる動向

　このような、職長の置かれている両義的な立場は、どの主体が建設生産におけるルール作りをしていくか、という点で大きな焦点となりつつある。これは、現在の職長の立場をいかに制度的に支えるかという問題となっている。

　現在、政策として「基幹技能者」制度が進められている[10]。これは、1995年の『建設産業政策大綱』(旧建設省)で初めて本格的に方針が出された技能工の育成について、各専門工事業団体を主体として資格制度を確立していこうというものだが、制度設立の要因として以下の2点が挙げられている。一つは「良いものを安く」供給するための優秀な人材確保の必要性であり、一つは労働市場の流動化の進展に合わせて短期雇用の活用が可能となることである。この背景には、産業側の高齢化と潜在的な技能者不足を認識しながらも、中核的な技能者を確保しつつも全体としての雇用の柔軟性を維持したいという狙いがある。

　各専門工事業者団体は、国から助成金を得て、認定手順を確立することを求められているが、2005年以降、現場で中核的な役割を担うとび・土工などの躯体関係を含め、認定講習に取り組む動きが目立って進んでいる。その理由としては、何よりも現場の効率化を担保するという要請がある。講習受講資格要件には、職種によって差はあるものの、一般的に以下の3項目——職種の上級資格・5～10年以上の現場経験・1～8年以上の職長経験について求められているが、何がこれまでの職長と違うのかといえば、やはり生産性向上・効率的施工に対応しうる現場技能者の管理・監理能力の要請に職種ごとの特性からどう応えるかという問題が大きいようだ[11]。また、専門工事業者団体にとっては制度を利用した受注量の確保や単価水準への反映が重要な課題となっている。特に、単価・処遇については当初から普及のネックとなってきた点である。この点において、最近では個別

職種だけでない専門業者団体同士の連携から、職長・職長会の運営リーダーとして基幹技能者制度を利用しようという構想も出てきている。[12] つまり、現場の元請監理者能力が低下する中で、効率的な施工による利益確保のためには、職長の機能を一層高めていく必要があるという点が、共通した認識となっているのである。

しかし今回の聞き取り調査の中で、基幹技能者制度に対する認識を聞いていくと、その確立はそれほど簡単ではなく、それぞれの論理が錯綜している状態が見えてくる。

専門工事業者団体は近年の不況下による会員企業の減少を受けて、対象企業の見直しや業界の結束力の強化を求められており、同時に近年の変化を含めた職種の特性を見極めることが緊急課題となっている。というのも優秀な人材の育成とはいうものの、機械化などの工法変化に伴う技能の削減や現場での職人の地位の低下は現実として進行し、職人が急激に高齢化しているという問題があるために、業者団体の立場からいえば、現在の生産合理化の中で、いかに既存の職種的優位性を打ち出すかを問われており、またいかに優れた技能者の安定的確保と若年者の教育訓練をリンクさせることによる、業界全体のレベルアップを図るかが問われているからだ。このような業界の狙いは、専門工事業者や下請が担っていた既存の技能育成・資格取得が立ち行かなくなっている現実からの危機感でもある。この背景には、重層下請制や職長の機能について見てきたとおり、コスト・負担を下に下に転嫁していくという体制自体が、現在、限界まで来ているという認識がある。[13]

一方で、職人を抱える専門工事業者は、経営効率化と各種合理化の板ばさみにあり、労務を請け負う二次下請以下の職人グループへの単価は極限まで切り詰められてきた。その上、職長に対しては、単価意識を持たせるなど、一層経営者としての意識を求めるようになっている。また「責任施工体制」の中で一次下請から元請に対してなされる技術提案は合理化を意味しているために、専門工事業者にとっては生存戦略になったとしても、技能者にとっては技能の二極化・削減など技能内容や単価においてマイナスの影響が否定できない。このような状況に置かれる職人側の意識としては、新たな資格は処遇に結びつかない上に、より負担を大きくするだけたと捉えられている。専門工事業者は、受注の確保と経営の切

り詰めに迫られ、技能者の労働条件を保障できずそれが職人の高齢化と技能の二極化に繋がっているが、合理化の要請する工法の変化自体がそれを短期的には容認するものであるという現状がある。また、若年者確保から始まる技能者育成のコストは専門工事業者が負担せざるを得ないが、その一方で技能・資格を獲得した労働者が定着するかという問題や、労働者自身が仕事を休んで取得しなければならず、また現段階においては現場での待遇が保障されていないなどの問題がある。そのために、「基幹技能者」制度についても、一次下請専門工事業者レベルで普及のコンセンサスを形成することが容易ではない。

6. おわりに

以上のように、それまでの重層下請制を基盤としつつも、1990年代後半以降の日本の建設業における「責任施工体制」はその生産における中核的機能である施工管理・監理の更なる部分を、専門工事業者と、既にその雇用形態において請負契約あるいは一人親方的な契約形態に置かれている職長に集中していく過程となっている。これまでも下請制は、プロジェクトの責任と経済リスクを分散させ、工期のみを規律強化する仕組みであると指摘されていたが、ここでは生産の責任と経済リスクは、元請下請の企業間における下部移転に留まらず、重層的下請関係の末端の個人、あるいは個人の集まりとしての職長会に担われるようになっているといえよう。加えて、この職長会はプロジェクト毎に形成され、着工から竣工までの過程で中心的メンバーが入れ替わるという準組織的な構成体である。

また、職長によって束ねられる二次以下の下請組織は、それ自体が現場における作業班あるいはその集まりである。このようなグループ請負という存在は、好景気においては、市場に開かれた柔軟な技能を保持する流動的な技能集団であり、優秀な職人であるゆえに競争に基づいてより待遇の良い業者・現場を移動するという形態として見られていた。しかし現在の合理化の下では、その自律性に伴う自立性よりも、これまで以上に工法及び経営の合理化圧力の波及を受け止めつつ末端での経営的遣り繰りを含めた現場への適応を求められる存在へと変化してきている。

建設生産をめぐる技能と組織形態の問題を新たに合理化圧力に晒されつつある

クラフト労働と捉えるならば、その自律性に基づく個人への重複的な機能転嫁に依存する現場運営システムは、それ自体が新たな制度確立における組織化や組織間調整を成り立たせない要因ともなりうるものである。「クラフト的」生産モデルとしての建設業は、クラフト的技能を基礎とする責任と権利のシステムが、コミュニティや相互の信頼性を保障されて初めて成り立つものであるが、日本の重層下請制の現状を見る限り、各主体間での現状認識は相容れないものとなっていると指摘できる。

〔注〕
(1) 欧米諸国における建設業の再編成については Rainbaird et. al. eds. (1991), Bosch & Philips (2003) を参照。
(2) この調査は永山利和（日本大学商学部教授）を責任者とし、栗山嘉明・辻村定次・村松加代子・山本篤民・惠羅さとみの5名を調査スタッフとして実施されたものである。調査の中では、本稿が分析の対象とした生産組織だけでなく、国家財政と公共投資、公共工事発注者の設計・施工監理の外部化、労働組合の組織化の経験と今後の展望、徳島県を事例とした地方の建設業者・労働者の状態、また政策的問題など、多岐にわたる分析を行っている。これらについては、報告書を参照されたい（全日本建設交運一般労働組合・建設政策研究所 2004、2005）。また本稿で取り上げる生産組織に関しても、上記の中間・最終報告書に聞き取り調査をまとめており、より具体的な詳細についてはそちらに記述した。
(3) responsible autonomy, bureaucratic control, workers' consent などと称されるもの。Herman (1982) による理論的レビューを参照した。
(4) 建設業に限らず、今日の広範な自営業の再興に対しても同様の指摘がされている。Arum & Müller（2003）によれば、自営化は従来のような中間層ではなく、より不安定な層を拡大しており、業種にかかわらず、自営化することは個人の自律性と引き換えに、報酬とコストを決定する競争的市場へ個々の主体が晒されることである。
(5) 職長とは、一般的に各職種において職人を束ねるリーダーのことを指すが、二次下請以下の5～10名で構成される作業班のリーダーといった意味合いもあれば、現場での職種統括者的な役割を指す場合もある。本来は、労働安全衛生法上の呼称であり、現場での直接指導監督、作業の安全、作業遂行の責任を持つ者——親方・現場代理人・世話役・班長・主任と呼ばれる人——の総称である。
(6) 聞き取り対象の専門工事業者団体は、とび・土工、型枠、左官、重機（いずれも全国組織）、鉄筋（東京）、ダンプ（長野）の6団体、専門工事業者はとび・土工、型枠、重機、鉄筋（2社）の5社で、いずれも首都圏にある専門業者団体の会員であり比較的規模の大きな中堅クラスの一次下請業者である。一人親方・労働者は、型枠（同時に6名）、鉄筋、

重機、解体、各1名、ダンプ2名への聞き取りに加えて、広範な職種における職長十数名による議論を参考にした。
(7) 熟練技能者の潜在的な不足という危機感は既に業界全体に共有されつつある。特に、専門工事業者団体の立場からは、発注者や元請との連携の必要性、あるいは契約において発注単価や優先発注などを盛り込んだ制度確立が提起されている(社団法人建設産業専門団体連合会 2006)。
(8) 建設政策研究所編(1997)は、高層マンションの建設現場に着工から竣工まで1年にわたり調査組織を常駐し、その生産組織形態を詳細に分析するとともに、聞き取り調査などから労働者の雇用形態及び労働実態を明らかにしている。ここでは、職長の役割分析を参照するとともに、雇用の3類型と後述の仕事内容の項目を利用した。
(9) 図面拾いとは、施工図からその現場で請負う工程の鉄筋量を算出すること。H氏は単価1,000円/トンでこの作業を請負っている。コンピューターを使用した事務作業が多い。
(10) 2007年6月現在では、13職種19団体において資格の整備と活用が図られており、既に19,114名が基幹技能者として(財)建設業振興基金データベースに登録されている。
(11) 例えば、電気工事業では「新しい競争の時代」における「ハード」面の雇用・教育の整合性を測ることを目的とし、現場を管理する技術者との連絡調整及びOJTによる育成を挙げている。また、機械土木工事業では、複数機械作業における適正配置を重要視し、特に、「ロスタイム」の問題について、高額な建設機械の性能を充分に発揮できず建設コストに深刻な影響を与えるため従来のような技術者による計画よりも現場施工の責任者の経験則に照らした意見を積極的に用いるべきだと方策を出している((財)建設業振興基金基幹技能者データベース http://coco.cococica.com/kg/)。
(12) 例えば、型枠・鉄筋・とび土工などの躯体3団体が現場統制のための職長会のリーダーを育成する資格認定構想を検討しているが、これは各職種団体の資格である基幹技能者を対象として、新たな現場運営のマネジメント能力――工事品質、工期、安全管理、職種間交流など――を育成することで「経営を現場管理を効率化する」のが狙いとなっている(『建設通信』2005年3月15日掲載記事)。
(13) 「基幹技能者」制度に加え、2005年7月に可決された「建設労働者の雇用の改善等に関する法律」一部改正では、厚生労働省の認定団体に限り、業者間における技能者の派遣が可能となった(「直用かつ常用」の技能者のみを対象としており、派遣を目的とした雇用は禁じられている)。これらの制度変化により、業者団体は、対象とする技能者の範囲をどのように規定するかという問題により一層直面するようになった。法改正を受け、技能者を専門業者間の連携システムによって支えるという新たなモデルも構想されるようになっている(社団法人大阪府建団連 2006)。

〔参考文献〕

Bosch, Gerhard and Peter Philips, 2003, *Building Chaos: An International Comparison of Deregulation in the Construction Industry,* Routledge.

Braverman, Harry 1974, *Labor and Monopoly Capital: The Degradation of Work in the Twentieth Century,* Monthly Review Press, New York ＝富沢賢治訳1978、『労働と独占資本―20世紀における労働の衰退』岩波書店。

Eccles, Robert G. 1981, "Bureaucrtic versus Craft Administration: The Relationship of Market Structure to the Construction Firm," *Administrative Science Quarterly,* 26: 449-469.

Herman, Andrew 1982, "Conceptualizing Control: Domination and Hegemony in the Capitalist Labor Process," *Insurgent Sociologist,* 11 (3): 7-22.

筆宝康之 1987、『建設労働経済論』立正大学経済研究所。

木村保茂 1997、『現代日本の建設労働問題』学文社。

建設政策研究所編 1997、『大手建設現場における就業実態とその分析』建設政策研究所。

越田清和 1984、「建設産業の合理化と労働力の再編・陶冶」『北海道大学教育学部紀要』45:267-341。

小関隆志・村松加代子・山本篤民 2003、「建設不況下における元請・下請関係の変容―下請建設業と建設就業者への影響」『社会政策学会誌』9:224-243。

全日本建設交運一般労働組合・建設政策研究所編 2004、『野丁場調査中間報告書』。

全日本建設交運一般労働組合・建設政策研究所編 2005、『建設労働の今・未来―建設現場に強固な労働組合を』「野丁場調査」最終報告書。

日本人文学会編 1958、『佐久間ダム―近代技術の社会的影響』東京大学出版会。

Piore, Michael J. and Charles F. Sable 1984, *The Second Industrial Divide: Possibilities for Prosperity,* New York: Basic Books Inc. ＝山之内靖・永易浩一・石田あつみ訳 1993、『第二の産業分水嶺』筑摩書房。

Rainbird, Helen and Gerd Syben eds., 1991, *Restructuring a Traditional Industry: Construction Employment and Skills in Europe,* Berg Publishers Ltd.

佐崎昭二 1999、「90年代の建設労働研究 (三)」『建設総合研究』187:19-46、建設調査会。

―――― 2000、「90年代の建設労働研究 (五)」『建設総合研究』190:42-74、建設調査会。

椎名恒・野中郁江 2001、『建設―問われる脱公共事業産業化への課題　日本のビック・インダストリー8』大月書店。

Silver, Marc L. 1986, *Under Construction: Work and Alienation in the Building Trades,* Albany: State University of New York Press.

Steiger, Thomas L. 1993, "Construction Skill and Skill Construction," *Work, Employment and Society,* 7 (4): 535-560.

Steiger, Thomas L. and Willian Form 1991, "The Labor Process in Construction: Control without Bureaucratic and Technological Means?" *Work and Occupations,* 18(3): 251-270.

Stinchcombe, Arthur L. 1959, "Bureaucratic and Craft Administration of Production: A Comparative Study," *Administrative Science Quarterly,* 4 (2): 168-187.

社団法人大阪府建団連 2006、「専門工事業の新しい門出―技能者雇用のビジネスモデル」。

社団法人建設産業専門団体連合会 2006、「建設産業における技能継承に関する調査報告書」。
髙梨昌編著 1978、『建設産業の労使関係』東洋経済新報社。
浦江真人 2005、「ゼネコン現場の技術伝承と技術教育の現状と課題」『建設政策』103:4-7.
Vallas, Steven P. 1990, "The Concept of Skill: A Critical Review," *Work and Occupations*, 17 (4): 379-398.
Winch, Graham 1994,"The Search for Flexibility: The Case of the Construction Industry," *Work, Employment and Society,* 8 (4): 593-606.

('06年4月原稿受付、同年9月掲載決定)

投稿論文

⟨Abstract⟩

"Responsible Construction" of the Japanese Construction Industry in Transition
—— Issue of Autonomy and Responsibility in a Craft Production Model ——

Satomi Era
(Graduate Student, Hitotsubashi University)

One of the main characteristics of the Japanese construction industry is multi-subcontracting system. The researchers on Japanese construction call the system "(Subcontracting) Responsible Construction" whereby specialty subcontractors have had more and more responsibility on production. Since 1997 after the government made drastic policy changes toward national structural reform with severely cutting down public investment, the construction market has been rapidly shrinking. Under the increasingly competitive market, the intensification of rationalization leads the contractors to pass the cost and risk of production on the foremen who are at the bottom layer of the production organizations. As a result, the responsibility of foreman, whose employment condition has increasingly been externalized, has unprecedentedly enlarged to the extent that an association of foremen on site become the essential organization for not only managing production but also making profit. Most of the foremen are contracted labor such as independent contactors or self-employed unprotected by regulations or insurances, which resulted in the intensification of work and increased deterioration of labor conditions.

In this paper, I critically review how researchers analyze construction work in the labor process and flexible debate. Secondly, I briefly explain how the organization of production has developed in Japanese construction. Finally, I examine the current state and changing function of specialty subcontractors and foremen based on intensive research. Some researchers historically maintained that the industry is a craft production model whereby management and workers flexibly cooperate in production processes. The recent Japanese case, however, shows that the production system of "Responsible Construction" cannot be sustainable both in terms of deteriorating working conditions of very core craftsmen as well as of difficulty in training of future skilled workforce under the current restructuring of the industry.

日本労働社会学会会則

(1988年10月10日　制定)
(1989年10月23日　改訂)
(1991年11月 5 日　改正)
(1997年10月26日　改正)
(1998年11月 2 日　改正)

[名　　称]

第 1 条　本会は、日本労働社会学会と称する。

　　　2　本会の英語名は、The Japanese Association of Labor Sociology とする。

[目　　的]

第 2 条　本会は、産業・労働問題の社会学的研究を行なうとともに、これらの分野の研究に携わる研究者による研究成果の発表と相互交流を行なうことを通じて、産業・労働問題に関する社会学的研究の発達・普及を図ることを目的とする。

[事　　業]

第 3 条　本会は次の事業を行う。

　　　(1)　毎年1回、大会を開催し、研究の発表および討議を行なう。
　　　(2)　研究会および見学会の開催。
　　　(3)　会員の研究成果の報告および刊行 (年報、その他の刊行物の発行)。
　　　(4)　内外の学会、研究会への参加。
　　　(5)　その他、本会の目的を達成するために適当と認められる事業。

[会　　員]

第 4 条　本会は、産業・労働問題の調査・研究を行なう研究者であって、本会の趣旨に賛同するものをもって組織する。

第 5 条　本会に入会しようとするものは、会員1名の紹介を付して幹事会に申し出て、その承認を受けなければならない。

第 6 条　会員は毎年 (新入会員は入会の時) 所定の会費を納めなければならない。

　　　2　会費の金額は総会に諮り、別途定める。

　　　3　継続して3年以上会費を滞納した会員は、原則として会員の資格を失うものとする。

第7条　会員は、本会が実施する事業に参加し、機関誌、その他の刊行物の実費配布を受けることができる。
第8条　本会を退会しようとする会員は書面をもって、その旨を幹事会に申し出なければならない。

［役　　員］

第9条　本会に、つぎの役員をおく。
　(1)　代表幹事　1名
　(2)　幹　　事　若干名
　(3)　監　　事　2名
　役員の任期は2年とする。ただし連続して2期4年を超えることはできない。
第10条　代表幹事は、幹事会において幹事の中から選任され、本会を代表し会務を処理する。
第11条　幹事は、会員の中から選任され、幹事会を構成して会務を処理する。
第12条　監事は、会員の中ら選任され、本会の会計を監査し、総会に報告する。
第13条　役員の選任手続きは別に定める。

［総　　会］

第14条　本会は、毎年1回、会員総会を開くものとする。
　2　幹事会が必要と認めるとき、又は会員の3分の1以上の請求があるときは臨時総会を開くことができる。
第15条　総会は本会の最高意思決定機関として、役員の選出、事業および会務についての意見の提出、予算および決算の審議にあたる。
　2　総会における議長は、その都度、会員の中から選任する。
　3　総会の議決は、第20条に定める場合を除き、出席会員の過半数による。
第16条　幹事会は、総会の議事、会場および日時を定めて、予めこれを会員に通知する。
　2　幹事会は、総会において会務について報告する。

［会　　計］

第17条　本会の運営費用は、会員からの会費、寄付金およびその他の収入による。
第18条　本会の会計期間は、毎年10月1日より翌年9月30日までとする。

[地方部会ならびに分科会]
第19条　本会の活動の一環として、地方部会ならびに分科会を設けることができる。

[会則の変更]
第20条　この会則の変更には、幹事の2分の1以上、または会員の3分の1以上の提案により、総会の出席会員の3分の2以上の賛成を得なければならない。

[付　　則]
第21条　本会の事務執行に必要な細則は幹事会がこれを定める。
　　2　本会の事務局は、当分の間、代表幹事の所属する機関に置く。
第22条　この会則は1988年10月10日から施行する。

編集委員会規定

(1988年10月10日　制定)
(1992年11月3日　改訂)

1. 日本労働社会学会は、機関誌『日本労働社会学会年報』を発行するために、編集委員会を置く。
2. 編集委員会は、編集委員長1名および編集委員若干名で構成する。
3. 編集委員長は、幹事会において互選する。編集委員は、幹事会の推薦にもとづき、代表幹事が委嘱する。
4. 編集委員長および編集委員の任期は、幹事の任期と同じく2年とし、重任を妨げない。
5. 編集委員長は、編集委員会を主宰し、機関誌編集を統括する。編集委員は、機関誌編集を担当する。
6. 編集委員会は、会員の投稿原稿の審査のため、専門委員若干名を置く。
7. 専門委員は、編集委員会の推薦にもとづき、代表幹事が委嘱する。
8. 専門委員の任期は、2年とし、重任を妨げない。なお、代表幹事は、編集委員会の推薦にもとづき、特定の原稿のみを審査する専門委員を臨時に委嘱することができる。
9. 専門委員は、編集委員会の依頼により、投稿原稿を審査し、その結果を編集委員会に文書で報告する。
10. 編集委員会は、専門委員の審査報告にもとづいて、投稿原稿の採否、修正指示等の措置を決定する。

付則1. この規定は、1992年11月3日より施行する。
　　2. この規定の改廃は、編集委員会および幹事会の議を経て、日本労働社会学会総会の承認を得るものとする。
　　3. この規定の施行細則（編集規定）および投稿規定は、編集委員会が別に定め、幹事会の承認を得るものとする。

編集規定

(1988年10月10日　制定)
(1992年10月17日　改訂)
(幹事会承認)

1. 『日本労働社会学会年報』(以下本誌)は、日本労働社会学会の機関誌であって、年1回発行する。
2. 本誌は、原則として、本会会員の労働社会学関係の研究成果の発表に充てる。
3. 本誌は、論文、研究ノート、書評、海外動向等で構成し、会員の文献集録欄を随時設ける。
4. 本誌の掲載原稿は、会員の投稿原稿と編集委員会の依頼原稿とから成る。

年報投稿規定

(1988年10月10日　制定)
(1992年10月17日　改訂)
(2002年 9月28日　改訂)
(幹事会承認)

1. 本誌に発表する論文等は、他に未発表のものに限る。他誌への重複投稿は認めない。既発表の有無、重複投稿の判断等は、編集委員会に帰属する。
2. 投稿された論文等の採否は編集委員会で審査の上、決定する。なお、掲載を決定した論文等について、より一層の内容の充実を図るため、補正、修正を求めることがある。
3. 原稿枚数は、原則として400字詰原稿用紙60枚以内とする。
4. 書評、その他の原稿枚数は、原則として400字詰原稿用紙20枚以内とする。
5. 投稿する会員は、編集委員会事務局に、審査用原稿コピーを2部送付する。
6. 原稿は所定の執筆要項に従うこととする。

日本労働社会学会幹事名簿

幹　　事

京谷　栄二	（長野大学）	代表幹事
秋元　　樹	（日本女子大学）	
赤堀　正成	（労働科学研究所）	
大梶　俊夫	（創価大学）	
大野　　威	（岡山大学）	
小川　慎一	（横浜国立大学）	
大重光太郎	（独協大学）	
大槻　奈巳	（聖心女子大学）	
河西　宏祐	（早稲田大学）	
木下　武男	（昭和女子大学）	
笹原　　恵	（静岡大学）	
柴田　弘捷	（専修大学）	
白井　邦彦	（青山学院大学）	
髙橋　伸一	（佛教大学）	
田中　夏子	（都留文科大学）	
中川　　功	（拓殖大学）	
村尾祐美子	（東洋大学）	
山下　　充	（明治大学）	

（所属は2007年3月現在）

年報編集委員会

白井　邦彦	編集長
赤堀　正成	編集委員
木下　武男	編集委員
柴田　弘捷	編集委員

編 集 後 記

◆今回も発行が大変遅れ会員の皆様には多大のご迷惑をおかけしたことを深くお詫び申しあげます。また年報発行に際し年報編集委員、執筆者の皆様、および東信堂の二宮義隆氏のご協力に感謝いたします。

◆ 今回は例年にも増してコンパクトなものになってしまいました。今後は学会報告以外にもさまざまな企画を含みより充実したものにしていく必要があるかと思います。

◆ ここ数年年報の発行の遅れには著しいものがあります。私の編集担当の間に遅れをとりもどそうと努力いたしましたが、残念ながら実現にはいたりませんでした。私の能力不足について深く反省するとともに、この場をかりて重ねてお詫び申しあげます。

◆ 同時にここ数年発行の遅れが続いていることから考え、年報編集のあり方やシステム、編集委員会体制そのものについても再考の必要があるかとも思います。今後はその点についての根本からの検討が必要あるかと思います。

◆ 2年間にわたって編集委員長を担当させていただきました。不手際ばかりで皆様にご迷惑ばかりかけていたように思います。それらについては新たな編集委員会のもとで大幅な改善が図られると期待しております。『年報』のさらなる発展を期待します。

(白井　邦彦)

ISSN　0919-7990

日本労働社会学会年報　第17号
東アジアの労使関係
2007年10月5日　発行

□編　　集　日本労働社会学会編集委員会
□発行者　日本労働社会学会
□発売元　株式会社　東信堂

日本労働社会学会　事務局
〒402-8555　山梨県都留市田原3-8-1
都留文科大学社会学科　田中夏子研究室
TEL　(0554) 43-4341
FAX　(0554) 43-4347
学会ホームページ　http://www.jals.jp

株式会社　東信堂
〒113-0023　文京区向丘1-20-6
TEL　03-3818-5521
FAX　03-3818-5514
E-mail　tk203444@fsinet.or.jp
東信堂　http://www.toshindo-pub.com

ISBN978-4-88713-786-8　C3036

「日本労働社会学会年報」

日本労働社会学会年報4
日本労働社会学会編

〔執筆者〕大梶俊夫・吉田誠・浅生卯一・鎌田とし子・鎌田哲宏・R．マオア・神谷拓平・萬成博ほか

A5／198頁／2913円　　4-88713-180-1　C3036〔1993〕

日本労働社会学会年報5
日本労働社会学会編

〔執筆者〕伊賀光屋・三井逸友・藤井史朗・R．マオア・辻勝次ほか

A5／190頁／2913円　　4-88713-211-5　C3036〔1994〕

「企業社会」の中の女性労働者
――日本労働社会学会年報6――
日本労働社会学会編

〔執筆者〕能沢誠・木本喜美子・橋本健二・湯本誠・野村正實・山下充・蔡林海ほか

A5／210頁／2913円　　4-88713-227-1　C3036〔1995〕

「企業社会」と教育
――日本労働社会学会年報7――
日本労働社会学会編

〔執筆者〕岩内亮一・猿田正機・竹内洋・苅谷剛彦・乾彰夫・山田信行・中囿桐代・京谷栄二ほか

A5／194頁／2913円　　4-88713-257-3　C3036〔1996〕

転換期の「企業社会」
――日本労働社会学会年報8――
日本労働社会学会編

〔執筆者〕藤田栄史・長井偉訓・京谷栄二・北島滋・山田信行・仲野（菊地）組子・樋口博美・鎌田とし子・鎌田哲宏ほか

A5／248頁／3300円　　4-88713-282-4　C3036〔1997〕

労働組合に未来はあるか
――日本労働社会学会年報9――
日本労働社会学会編

〔執筆者〕高橋祐吉・設楽清嗣・伊藤みどり・嵯峨一郎・河西宏祐・浅野慎一・合場敬子・駒川智子・池田綾子・土田俊幸・八木正ほか

A5／296頁／3300円　　4-88713-316-2　C3036〔1998〕

国境を越える労働社会
――日本労働社会学会年報10――
日本労働社会学会編

〔執筆者〕秋元樹・山田信行・T．グローニング・A．イシ・塩沢美代子・田中直樹・河西宏祐・鎌田とし子・佐藤守弘・柴田弘捷・遠藤公嗣・橋本健二・京谷栄二・鎌田哲宏・鈴木玲ほか

A5／306頁／3300円　　4-88713-345-6　C3036〔1999〕

在庫のお知らせ

フィールド調査"職人芸"の伝承
―日本労働社会学会年報11―
日本労働社会学会編

〔執筆者〕秋元樹・鎌田とし子・柴田弘捷・北島滋・田中直樹・河西宏祐・矢野晋吾・青木章之介・大槻奈巳・村尾祐美子・藤井治枝・渥美玲子ほか

A5／282頁／3300円　4-88713-378-2　C3036〔2000〕

ゆらぎのなかの日本型経営・労使関係
―日本労働社会学会年報12―
日本労働社会学会編

〔執筆者〕藤田栄史・林大樹・仲野（菊地）組子・木下武男・辻勝次・八木正・嵯峨一郎・木田融男・野原光・中村広伸・小谷幸・筒井美紀・大久保武ほか

A5／276頁／3300円　4-88713-416-9　C3036〔2001〕

新しい階級社会と労働者像
―日本労働社会学会年報13―
日本労働社会学会編

〔執筆者〕渡辺雅男・白井邦彦・林千冬・木村保茂・大山信義・藤井史朗・飯田祐史・高木朋代・浅川和幸ほか

A5／220頁／3000円　4-88713-467-3　C3036〔2002〕

階層構造の変動と「周辺労働」の動向
―日本労働社会学会年報14―
日本労働社会学会編

〔執筆者〕丹野清人・龍井葉二・久場嬉子・西野史子・伊賀光屋・浅野慎一・今井博・勝俣達也ほか

A5／256頁／2900円　4-88713-524-6　C3036〔2003〕

若年労働者――変貌する雇用と職場
―日本労働社会学会年報15―
日本労働社会学会編

〔執筆者〕筒井美紀・林大樹・藤田栄史・山根清宏・小村由香・土井徹平・佟岩・浅野慎一・青木章之助ほか

A5／216頁／2700円　4-88713-524-6　C3036〔2005〕

仕事と生きがい――持続可能な雇用社会に向けて
―日本労働社会学会年報16―
日本労働社会学会編

〔執筆者〕藤原眞砂・櫻井純理・高木朋代・渡辺めぐみ・董荘敬ほか

A5／208頁／2500円　4-88713-674-9　C3036〔2006〕

※　ご購入ご希望の方は、学会事務局または発売元・東信堂へご照会下さい。
※　本体（税別）価格にて表示しております。

東信堂

グローバル化と知的様式——社会科学方法論についての七つのエッセー	J・ガルトゥング 大矢根聡 重光正次郎訳	二八〇〇円
社会階層と集団形成の変容——集合行為と「物象化」のメカニズム	丹辺宣彦	六五〇〇円
世界システムの新世紀——グローバル化とマレーシア	山田信行	三六〇〇円
階級・ジェンダー・再生産——現代資本主義社会の存続メカニズム	山田信行	三二〇〇円
現代日本の階級構造——理論・方法・計量分析	橋本健二	四五〇〇円
人間諸科学の形成と制度化——社会諸科学との比較研究	橋本健二	三八〇〇円
現代社会学と権威主義——フランクフルト学派権威論の再構成	長谷川幸一	三六〇〇円
現代社会学における歴史と批判(上巻)——グローバル化の社会学	保坂稔	二八〇〇円
現代社会学における歴史と批判(下巻)——近代資本制と主体性	武川正吾編	二八〇〇円
貨幣の社会学——経済社会学への招待	山田信行編 片桐新自編	二八〇〇円
〔改訂版〕ボランティア活動の論理——ボランタリズムとサブシステンス	丹辺宜彦編	二八〇〇円
捕鯨問題の歴史社会学——近世・近代日本におけるクジラと人間	森元孝	一八〇〇円
覚醒剤の歴史社会学——コース・統治技術	西山志保	三六〇〇円
現代環境問題論——理論と方法の再定置のために	渡邊洋之	二八〇〇円
情報・メディア・教育の社会学——カルチュラル・スタディーズしてみませんか？	佐藤哲彦	五六〇〇円
BBCイギリス放送協会(第二版)	井上孝夫	二三〇〇円
記憶の不確定性——社会学的探求 アルフレッド・シュッツにおける他者・リアリティ・超越	井口博充	二三〇〇円
日常という審級	簑葉信弘	二五〇〇円
日本の社会参加仏教——法音寺と立正佼成会の社会活動と社会倫理	松浦雄介	二五〇〇円
現代タイにおける仏教運動——タンマガーイ式瞑想とタイ仏教社会の変容	李晟台	三六〇〇円
	ランジャナ・ムコパディヤーヤ	四七六二円
	矢野秀武	五六〇〇円

〒113-0023 東京都文京区向丘1-20-6 TEL 03-3818-5521 FAX03-3818-5514 振替 00110-6-37828
Email tk203444@fsinet.or.jp URL=http://www.toshindo-pub.com/

※定価：表示価格（本体）＋税

東信堂

〈シリーズ 社会学のアクチュアリティ：批判と創造 全12巻+2〉

クリティークとしての社会学	現代を批判的に見る眼	西原和久編	一八〇〇円
都市社会とリスク	豊かな生活をもとめて	宇都宮京子編	二〇〇〇円
言説分析の可能性	社会学的方法の迷宮から	佐藤俊樹・友枝敏雄編	二〇〇〇円
グローバル化とアジア社会	ポストコロニアルの地平	吉原直樹編	二三〇〇円

〈地域社会学講座 全3巻〉

地域社会学の視座と方法	似田貝香門監修	二五〇〇円
グローバリゼーション/ポスト・モダンと地域社会	古城利明監修	二五〇〇円
地域社会の政策とガバナンス	岩崎信彦監修	二七〇〇円

〈シリーズ世界の社会学・日本の社会学〉

タルコット・パーソンズ	最後の近代主義者	中野秀一郎	一八〇〇円
ゲオルグ・ジンメル	現代分化社会における個人と社会	居安正	一八〇〇円
ジョージ・H・ミード	社会的自我論の展開	船津衛	一八〇〇円
アラン・トゥーレーヌ	現代社会のゆくえと新しい社会運動	杉山光信	一八〇〇円
アルフレッド・シュッツ	主観的時間と社会的空間	森元孝	一八〇〇円
エミール・デュルケム	社会の道徳的再建と社会学	中島道男	一八〇〇円
レイモン・アロン	危機の時代の透徹した警世家	岩城完之	一八〇〇円
フェルディナンド・テンニエス	ゲマインシャフトとゲゼルシャフト	吉田浩	一八〇〇円
カール・マンハイム	時代を診断する亡命者	澤井敦	一八〇〇円
費孝通	民族自省の社会学	佐々木衞	一八〇〇円
奥井復太郎	都市社会学と生活論の創始者	藤田弘夫	一八〇〇円
新明正道	綜合社会学の探究	山本鎭雄	一八〇〇円
米田庄太郎	新総合社会学の先駆者	中久郎	一八〇〇円
高田保馬	理論と政策の無媒介的統一	北島滋	一八〇〇円
戸田貞三	家族研究・実証社会学の軌跡	川合隆男	一八〇〇円

〈中野 卓著作集・生活史シリーズ 全12巻〉

生活史の研究	中野卓	二五〇〇円
先行者たちの生活史	中野卓	三三〇〇円

〒113-0023 東京都文京区向丘1-20-6
TEL 03-3818-5521 FAX 03-3818-5514 振替 00110-6-37828
Email tk203444@fsinet.or.jp URL:http://www.toshindo-pub.com/

※定価：表示価格（本体）＋税

東信堂

【現代社会学叢書】

書名	副題	著者	価格
開発と地域変動	——開発と内発的発展の相克	北島　滋	三二〇〇円
在日華僑のアイデンティティの変容	——華僑の多元的共生	過　放	四四〇〇円
健康保険と医師会	——社会保険創始期における医師と医療	北原龍二	三八〇〇円
事例分析への挑戦	個人現象への事例媒介的アプローチの試み	水野節夫	四六〇〇円
海外帰国子女のアイデンティティ	——生活経験と通文化的人間形成	南　保輔	三八〇〇円
有賀喜左衛門研究	社会学の思想・理論・方法	北川隆吉編	三六〇〇円
現代大都市社会論	——分極化する都市？	園部雅久	三八〇〇円
インナーシティのコミュニティ形成	——神戸市真野住民のまちづくり	今野裕昭	五四〇〇円
ブラジル日系新宗教の展開	——異文化布教の課題と実践	渡辺雅子	七八〇〇円
イスラエルの政治文化とシチズンシップ		G・ラフリー／室月誠監訳	三八〇〇円
正統性の喪失	——アメリカの街頭犯罪と社会制度の衰退	奥山眞知	三六〇〇円
東アジアの家族・地域・エスニシティ	——基層と動態	北原淳編	四八〇〇円

〈シリーズ社会政策研究〉

書名	副題	著者	価格
福祉国家の社会学	——21世紀における可能性を探る	三重野卓編	二〇〇〇円
福祉国家の変貌	——グローバル化と分権化のなかで	小笠原浩一編	二〇〇〇円
福祉国家の医療改革	——政策評価にもとづく選択	武川正吾編	二〇〇〇円
福祉政策の理論と実際（改訂版）	福祉社会学研究入門	三重野卓編	二五〇〇円
韓国の福祉国家・日本の福祉国家		武川正吾・キム・ヨンミョン編	三二〇〇円
改革進むオーストラリアの高齢者ケア		木下康仁	二四〇〇円
認知症家族介護を生きる	——新しい認知症ケア時代の臨床社会学	井口高志	四二〇〇円
新版　新潟水俣病問題	——加害と被害の社会学	飯島伸子・舩橋晴俊編	三八〇〇円
新潟水俣病をめぐる制度・表象・地域		関　礼子	五六〇〇円
新潟水俣病問題の受容と克服		堀田恭子	四八〇〇円

〒113-0023　東京都文京区向丘1-20-6
TEL 03-3818-5521　FAX 03-3818-5514　振替 00110-6-37828
Email tk203444@fsinet.or.jp　URL:http://www.toshindo-pub.com/

※定価：表示価格（本体）＋税

東信堂

人間の安全保障——世界危機への挑戦	佐藤誠編	三八〇〇円
政治学入門——日本政治の新しい夜明けはいつ来るか	安藤次男編	一八〇〇円
政治の品位	内田満	二〇〇〇円
帝国の国際政治学——冷戦後の国際システムとアメリカ	山本吉宣	四七〇〇円
解説 赤十字の基本原則——人道機関の理念と行動規範	J・ピクテ 井上忠男訳	一〇〇〇円
医師・看護師の有事行動マニュアル——医療関係者の役割と権利義務	井上忠男	一二〇〇円
国際NGOが世界を変える——地球市民社会の発明	毛利勝彦編著	二〇〇〇円
国連と地球市民社会の新しい地平	功刀達朗・毛利勝彦編著	三四〇〇円
公共政策の分析視角	大木啓介編著	三四〇〇円
実践 ザ・ローカル・マニフェスト	松沢成文	一二三八円
ポリティカル・パルス：現場からの日本政治最新断	大久保好男	二〇〇〇円
時代を動かす政治のことば——尾崎行雄から小泉純一郎まで	読売新聞政治部編	一八〇〇円
椎名素夫回顧録 不羈不奔	読売新聞社編 盛岡支局編	一五〇〇円
大杉榮の思想形成と「個人主義」	飛矢崎雅也	二九〇〇円
【現代臨床政治学シリーズ】		
リーダーシップの政治学	石井貫太郎	一六〇〇円
アジアと日本の未来秩序	伊藤重行	一八〇〇円
象徴君主制憲法の20世紀的展開	下條芳明	二〇〇〇円
【現代臨床政治学叢書・岡野加穂留監修】	岡野加穂留編	
村山政権とデモクラシーの危機	藤本一美編	四二〇〇円
比較政治学とデモクラシーの限界	岡野加穂留編著	四二〇〇円
政治思想とデモクラシーの検証	大六野耕作編著 岡野加穂留編著	三八〇〇円
シリーズ《制度のメカニズム》	伊藤重行編著	
アメリカ連邦最高裁判所	大越康夫	一八〇〇円
衆議院——そのシステムとメカニズム	向大野新治	一八〇〇円
WTOとFTA——日本の制度上の問題点	高瀬保	一八〇〇円
フランスの政治制度	大山礼子	一八〇〇円

〒113-0023 東京都文京区向丘1-20-6　TEL 03-3818-5521　FAX 03-3818-5514　振替 00110-6-37828
Email tk203444@fsinet.or.jp　URL:http://www.toshindo-pub.com/

※定価：表示価格（本体）＋税

東信堂

責任という原理――科学技術文明のための倫理学の試み――〔心身問題から「責任という原理」へ〕	H・ヨナス 加藤尚武監訳	四八〇〇円
主観性の復権――テクノシステム時代の人間の責任と良心	H・ヨナス 宇佐見・滝口・ レンク訳	二〇〇〇円
空間と身体――新しい哲学への出発	山本・盛永訳	三五〇〇円
環境と国土の価値構造	桑子敏雄	二五〇〇円
森と建築の空間史――近代日本	桑子敏雄編	三五〇〇円
地球時代を生きる感性――EU知識人による日本への示唆	千田智子 訳者 A・チェザーナ 沼田裕之	四三八一円 二四〇〇円
感性哲学1～7	日本感性工学会 代表者 沼田裕之	一六〇〇～二〇〇〇円
メルロ=ポンティとレヴィナス――他者への覚醒	屋良朝彦	三八〇〇円
堕天使の倫理――スピノザとサド	佐藤拓司	二八〇〇円
精神科医島崎敏樹――人間の学の誕生	井原裕	二六〇〇円
バイオエシックス入門（第三版）	今井道夫編	二三八一円
バイオエシックスの展望	香川知晶編	三二〇〇円
今問い直す脳死と臓器移植（第二版）	松坂井悦宏編著 岡昭子	三二〇〇円
動物実験の生命倫理――個体倫理から分子倫理へ	澤田愛子	四〇〇〇円
生命の神聖性説批判	大上泰弘	四六〇〇円
生命の淵――バイオエシックスの歴史・哲学・課題	大林雅之 訳者代表 飯田亘之 H・クーゼ	二〇〇〇円
カンデライオ（ブルーノ著作集 1巻）	ジョルダーノ・ブルーノ 加藤守通訳	三二〇〇円
原因・原理・一者について（ブルーノ著作集 3巻）	ジョルダーノ・ブルーノ 加藤守通訳	三二〇〇円
英雄的狂気（ブルーノ著作集 7巻）	ジョルダーノ・ブルーノ 加藤守通訳	三六〇〇円
ロバのカバラ――における文学と哲学	N・オルディネ 加藤守通訳	三六〇〇円
食を料理する――哲学的考察	松永澄夫	二〇〇〇円
言葉の力（音の経験・言葉の力第I部）	松永澄夫	二五〇〇円
音の経験（音の経験・言葉の力第II部）――言葉はどのようにして可能となるのか	松永澄夫	二八〇〇円
環境・安全という価値は…	松永澄夫編	二〇〇〇円
イタリア・ルネサンス事典	J・R・ヘイル編 中森義宗監訳	七八〇〇円

〒113-0023　東京都文京区向丘1-20-6
TEL 03-3818-5521　FAX 03-3818-5514　振替 00110-6-37828
Email tk203444@fsinet.or.jp　URL http://www.toshindo-pub.com/

※定価：表示価格（本体）＋税